बकरी पालन एक 'एटीएम'

संगीता भापकर

बकरी पालन : एक एटीएम

लेखन : संगीता भापकर, २०२१

हिंदी अनुवाद : सुवर्णा बेडेकर

प्रथम संस्करण : अक्तूबर २०१६

तृतीय संस्करण : फरवरी २०२१

अक्षरयोजना और संरचना
ऑरिक पब्लिशिंग

मुखपृष्ठ
आर्ट ॲडव्हर्टायझिंग, पुणे

प्रकाशक
सकाळ मीडिया प्रा. लि.
595, बुधवार पेठ, पुणे 411 002

ISBN : 978-93-86204-17-2

अधिक जानकारी के लिए :
020-2440 5677/88888 49050
sakalprakashan@esakal.com

प्रस्तावना

भारत की अर्थव्यवस्था में कृषि के साथ साथ कृषिसंपूरक कार्यों को बड़ाही महत्व है। इन उद्योग कारोबार को बढ़ावा देने के लिए सरकार कि ओर से अनेक योजनाएँ है। बकरीपालन एक कृषिसंपूरक व्यवसाय है, और इससे आर्थिक उन्नति होती है। लेकिन बकरीपालन उद्योग में आधुनिक तंत्रज्ञान का उपयोग बहुतही कम किया जाता है। यह देखते हुए बकरी पालनेवालों के लिए 'बकरी पालनः एक एटीएम' यह किताब बहुतही महत्वपूर्ण योगदान दे सकती है। 'सकाळ' के लिए मोरगांव से वार्तांकन कार्य करनेवाली संगीता भापकर ने इस किताब में परिश्रमपूवक अध्ययन कर के और हर पहेलू की जानकारी लेकर उसे इस किताब में सम्मिलित की है।

संगीता भापकर ग्रामीण इलाके में वास्तव्य करती है। पत्रकारिता में एक दशकसे कार्य करते हुऐ उन्होंने कृषिसंपूरक उद्योग आणि कृषि क्षेत्र के बारे में लेखन कार्य किया है। एक यशस्वी पुरुष के पीछे स्त्री का हाथ होता है, यह तो पहले सुना था, लेकिन भापकर दंपती को देखकर अलग वस्तुस्थिती दिखाई देती है। ग्रामिण क्षेत्र में वास्तव्य करने वाले संगीतादीदी के पती श्रीमान हनुमंत भापकर ने 'अहं' को नकार कर अपनी सहचारणी को विवाह के पश्चात उच्च शिक्षा के लिए प्रोत्साहित किया। उनको वैचारिक मुक्तता प्रदान की, इसलिए वह पत्रकारिता की पदवी प्राप्त कर सकी। आज संगीता भापकर निजी सांसारिक काज के साथ साथ सामाजिक कर्तव्य मानकर जिम्मेदारी लेते हुए पत्रकारिता के माध्यम से सामाजिक कार्य उत्कृष्टता से कर रही है। उनकी पहली किताब थी''वैयक्तिक लाभाच्या शासकीय योजना'' जनसामान्य लोगों को शासकीय योजना की समग्र जानकारी इस किताब के माध्यम से उन्होंने दी है। यह किताब आम जनता के बहुत ही उपयुक्त है।

ग्रामिण क्षेत्र वह उनका जुड़ी रहा है, इसलिए बकरीपालकों की समस्याएँ, बकरी का चयन करते वक्त उच्च प्रति के प्रजाति के बारे में जानकारी का अभाव, इस व्यसाय की सद्य: स्थिती, प्रशिक्षण का अभाव, बिक्रय व्यवस्था में आनेवाली समस्या, विपणन में व्यावसायिक किस तरह से पिछड़ जाते है, व्यापार करनेवाले और बिचौलियों की शृंखला

इन सबके बारे में भापकर को बहुत ही बारिकी से जानकारी हासिल की है। इन समस्याओं का सामना उन्हें खुद को करना पड़ा है। लोकसंख्या की तुलना से राज्य की मांस की आवश्यकता देखे, तो उत्पादन बहुतही कम है। इसलिए योजनाबद्ध तरिके से यह व्यवसाय किया, तो आर्थिक कमाई के अवसर मिलते है। बकरीपालन व्यवसाय के बारे में आधुनिक तंत्रज्ञान की परिपूर्ण जानकारी ले ली, तो कमाई, लाभ ज़्यादा हो सकता है। यह विचार इस पुस्तक की प्रकाशित करते हुए किया गया है।

संगीता भापकर ने दूरदृष्टी से आम जनता को समझ में आनेवाली भाषा का प्रयोग इस किताब में किया है। हिंदी में भी साहित्य प्रचूर भाषा का प्रयोग नही किया गया है। किताब का लेखन आणि अचूक रचना प्रशंसा योग्य है। शुरु में मुझे में जो संशोधक है, उसको यह भाषा थोड़ी अयोग्य लग रही थी। लेकिन जब मैंने बकरीपालन के नज़रिये से इस किताब को पढ़ने के बाद तुरंत मुझे समझ में आया। इस किताब में विस्तार से किए हुए मुद्दे, विचार, परिपूर्ण जानकारी, आवश्यक स्थान पर किए हुए छायाचित्र इससे बकरीपालन का व्यवसाय नये सिरे से शुरु करनेवालों को भी मार्गदर्शक होगा। इस किताब को लिखते वक्त संगीता भापकर ने 'बकरी' इस विषय पर कार्य करनेवाली संस्थाएँ, विश्वविद्यालय, बकरी विकास संस्थानों की प्रत्यक्ष भेंट कर के मुआयना किया है। खुद एक विद्यार्थी बनकर, पूरी जानकारी हासिल की और यह किताब तैय्यार की है। इस किताब की विशेषता यह है कि, इसकी भाषा सुयोग्य है, इसलिए यह नीररु नही हुआ है। बकरीपालन व्यवसाय में आनेवाले नए नए उम्मीदवारों को यह किताब अच्छा मार्गदर्शक साबित हानेवाली है। इस जानकारीपूर्ण किताब के लिए मेरी ओर से हार्दिक बधाई।

डा. संजय मंडकमाले
वरिष्ठ संशोधक, बकरी संशोधन प्रकल्प,
महात्मा फुले कृषि विश्व विद्यालय, राहुरी

मनोगत

भारत का प्रमुख व्यवसाय कृषि है । और कृषिसंपूरक व्यवसाय के तौर पर बकरी पालन को विशेष महत्त्व दिया जाता है । कुछ समय पहले यह व्यवसाय मर्यादित तौर पर किया जाता था, लेकिन अब इसे बडे उद्योग के नजरिये से देखा जाता है । कम खर्चा और परिश्रम भी कम करने से अच्छी खासी आमदनी होती है। इसलिए अल्पभूधारक, भूमिहीन, शेतमजूर तथा महिलाएं भी यह व्यवसाय करने में दिलचस्पी रखती हैं। आधुनिक तंत्रज्ञान का उपयोग कर इसका नियोजन अच्छी तरीके से किया जाए,ती बकरी पालन से अच्छी आमदनी मिलती है। अपने राज्य में मांस की माँग दिन बदिन बढ़ती जा रही है। इसकी तुलना में मांस का उत्पादन नहीं होता । बढ़ती लोकसंख्या के कारण मांसाहार करनेवालों की संख्या भी बढ़ी हैं , लेकिन मांस की माँग पूरी नहीं होती । इस व्यवसाय को आवश्यक आधुनिक तंत्रज्ञान और नए तरीके से बकरी और मेंढी के बाड़े का व्यवस्थापन, उनकी पैदास और रोज की रोकथाम, नियंत्रित किया जाए । बकरियों की विशेष प्रजाति , बकरियों को होनेवाले रोग और उनके उपाय, टीकाकरण, बाड़े के अलग अलग प्रकार, विभिन्न प्रकार का घांस खाद्यान्न, सरकारी अनुदान की योजनाएं, इस व्यवसाय का प्रशिक्षण देनेवाली संस्थाएं, बकरियों का चयन करते वक्त बरतने की सावधानी उनके विश्राम का व्यवस्थापन, बकरियों के दूध का महत्व, बीमा की योजनाएं, उपजाऊ भूमी के लिए बहुतही लाभदायक होनेवाला पिण्डी खाद, इन सब मुद्दों की जानकारी बकरी पालन व्यवसाय करने के लिए इच्छुक व्यावसायिकों को एक जगहपर ही मिलनी चाहिए । इसी उद्देश से यह किताब लिखी गई है। गांवों मे धनगर समाज बकरी पालन का व्यवसाय करते हैं। महिला तथा सुशिक्षित बेरोजगारों के लिए यह अच्छी कमाई का साधन है।

दुर्भाग्यवश, अपने यहां आज भी परंपरागत ढंग से बकरी पालन किया जाता है। आधुनिक तंत्र का इस्तेमाल कर बकरी पालन किया, तो अच्छी और शाश्वत आमदनी मिल सकती है। लेकिन अभी इस बारे में जानकारी नहीं है। बकरी की प्रजनन क्षमता बढेगी, तो इस व्यवसाय की उपयुक्तता बढ़ने में भी मदद होगी।

विगत दस सालों से 'दैनिक सकाळ' के माध्यम से मैंने यह व्यवसाय करने के लिए लोगों को पथदर्शी मार्गदर्शन किया है। बकरियों को होनेवाले रोग, उनके उपचार, दवाइयां, प्रजनन, ऐसे तांत्रिक मुद्दों की जानकारी भी इस किताब में दी हुई है। इस किताब के निर्माण कार्य में बारामती पशुसंवर्धन विभाग के डा.अभिजित नलगे, डा. एन. एस. सोनवणे, महात्मा फुले कृषि विश्वविद्यालय के बकरी प्रकल्प प्रमुख डा. संजय मंडकमाले, महाराष्ट्र बकरी और मेंढी संशोधन विकास संस्था की चंदाताई निंबकर, बारामती कृषिविज्ञान केंद्र के पशुसंवर्धन न्यास से संबंधी पशुसंवर्धन महाविद्यालय के अस्थायी प्राचार्य डा. धनंजय भोईटे, आदि तज्ज्ञों का सहाय्य मिला है। इस किताब के लिए प्रत्यक्ष और अप्रत्यक्ष रूप से मददगार साबित होनेवाले सभी सहभागी अधिकारी, सकाळ के सहसंपादक श्री. रमेश डोईफोडे, मेरे पति श्री. हेमंत भापकर, प्रकाशन विभाग के प्रमुख श्री. आशुतोष रामगीर, संपादकीय विभाग की दीपाली चौधरी और ऐश्वर्या कुमठेकर इन सभी का आभार।

बकरी पालन आर्थिक आपूर्ति का एक 'एटीएम' है। इसलिए एक नये सिरे से व्यवसाय शुरू करनेवालों को यह किताब पथदर्शी साबित होगी, यह मुझे विश्वास है।

– संगीता भापकर

अनुक्रम

बकरी : गरिबों की गाय

बकरियों का चयन

रोग और उपाय योजनाएँ

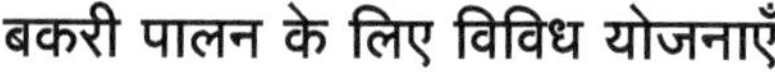

बकरी पालन के लिए विविध योजनाएँ

बकरी : गरिबों की गाय

बकरी पालन का अर्थशास्त्र

''बकरी गरिबों की गाय है'' ऐसा महात्मा गांधीजी ने कहा है। नियोजनबद्ध तरीके से और आधुनिक तंत्रज्ञान के साथ बकरी पालन व्यवसाय किया तो, कम से कम लागत में अच्छी खासी आमदनी हो सकती है। विगत कुछ दिनों से व्यापारी दृष्टिकोन रखकर बकरी पालन करनेवालों की संख्या बढ़ रही है। कुछ साल पहले कृषिमजदूर और घुमन्तू जनजाती के लोग बकरी पालन करते थे। उनके परिवार को दूध की आपूर्ति करने के लिए दो–तीन बकरियाँ पालनी पड़ती यों थी। इन बकरी से पूरे साल में एक–दो बकरे भी उनहें मिलते थे। बकरे (नर) को बेचकर यह लोग त्यौहार, ब्याह–आदि का खर्चा निकालते थे। उस काल में बकरी पालन एक कृषिसंपूरक व्यवसाय हो सकता है, ऐसा किसी को नही लगता था और उस दृष्टिकोण से बकरी पालन की तरफ देखा नही जाता था। लेकिन अब स्थिति बदल गई है। ग्रामिण क्षेत्र में, अनेक लोग बकरी पालन को कृषिसंपूरक उध्योग व्यवसाय मान रहे हैं। इस व्यवसाय के माध्यम से ग्रामिण क्षेत्रवासियों का जीवनस्तर उँचा करने के लिए केंद्र और राज्य सरकारें भी बकरी पालन के लिए अनुदान दे रहे हैं। विगत कुछ सालों से गाय–भैसों के लिए आधुनिक बाड़ा निर्माण करके इस व्यवसाय में आनेवाले लोगों की संख्या बढ़ रही है। गाय–भैंसो के पालन करने के लिए पूँजी की लागत ज्यादा होती है, उसकी तुलना में बकरी पालन के लिए बहुत ही कम पूँजी में अच्छी आमदानी होती है। और, जिस क्षेत्र में बरसात कम होती है, वहाँ भी कृषिसंपूरक बकरी पालन कर सकते है। आजकल तो कृषि से संबंध ना होते हुए भी लोग उद्योग के तौर पर बकरी पालन व्यवसाय कर रहे हैं।

बकरी पालन के दो प्रमुख उद्देश है। कुछ लोग दूध के लिए बकरियों का पालन करते है, तो कुछ लोग मांस के लिए पालते है। मात्र इन दोनों उद्देशों के लिए बकरी पालन करते वक्त बकरियों के सेहत का ध्यान रखना बहुत ही जरुरी है। बकरी को बीमारी व्याधी–होनी नही चाहिए, इसलिए सावधानी बरतनी पड़ती है। एक बकरी से एक साल में दो बार जुड़वा, अथवा उससे ज्यादा तीन बछड़े होकर चार से ज्यादा पिल्ले मिल सकते है। नर बकरे से उत्पादक को अच्छी आमदानी होती है। तो बकरी का बाड़ा बनने के लिए मदत होती है। बकरी की विष्ठा

से मिलनेवाला लेंडी खाद फँसल के लिए बहुत ही उपयुक्त होता है। बकरी और बकरा (नर) की नियोजनपूर्व पैदास करना, दूध उत्पादन, विष्ठा का लेंडीखाद - इन सबका अच्छा तालमेंल लगाया तो कम से कम लागत में अच्छा अर्थलाभ हो सकता है।

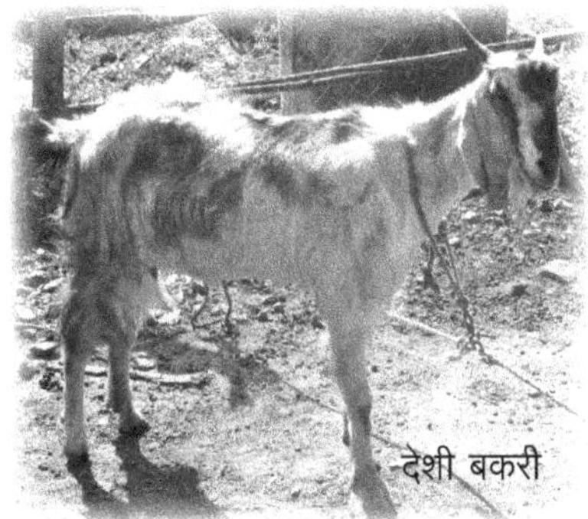

देशी बकरी

भारत में प्रख्यात बकरियों की प्रजाति

भारत में चौबीस प्रजातियों की बकरियाँ मिलती है। विगत सालों से बकरी पालन व्यवसायिकों की संख्या बढ़ रही है। एक राज्य से दुसरे राज्य में बकरियों को लेना–ले जाना काम, आमतौर पर चल रहा है। इस वजह से कुछ दिनों से शुद्ध और मिश्र (संकर) पैदास बढ़ रही है। मौलिक बकरी के मूल स्वरूप अबाधित रहने के लिए हरियाना के कर्नाल गाँव में राष्ट्रीय स्तर पर अनुसंधान संस्था कार्यरत है। इस संस्था में जानवरों की अलग अलग प्रजाति, जाति के मूल रुपका सर्वेक्षण कर के अभिलेखन का कार्य किया जाता है। भारत में कौन कौन से विभिन्न प्रजाति की बकरियाँ मिलती है, इसका विस्तृत विवरण यहाँ दिया है।

जमनापारी

इस प्रजाति की बकरी उत्तर प्रदेश में गंगा–जमुना और चंबल नदीयों की घाटी, और वादियों में पायी जाती है। पर्वतीय प्रदेश, इटाह, मथुरा, आग्रा इस विभाग में जमनापारी बहुत ही प्रख्यात है। दिखने में यह बकरी बहुत ही मनोहर, सुंदर होती हैं। और दूध उत्पादन करने का गुण भी अच्छा होता हैं। इसी के साथ मांस का उत्पादन भी जमनापारी अच्छा करती है। इस बकरी का रंग सफेद होता है, गर्दन और मूँहपर भूरे अथवा काले पट्टे होते हैं। कुछ कुछ बकरियों के गर्दन के अगल बगल में लाल, भूरे, काले पट्टे अथवा बिंदू कभीकभार रहते हैं। इनमें पूरी सफेद बकरी को ज्यादातर लोग पसंद करते है। गर्दन पर लाल–काले पट्टेवाले बकरी को निम्न स्तर वाला मानते है। इस बकरी का आकार ज्यादा बड़ा होता है, उनके पैर लंबे और ऊँचे होते है, उनके पुट्ठे, पैर, जाँघ पर बहुत मोटे ओर गाढ़े बाल होते हैं। इन घने बालों की वजहसे बकरी का थान अनायास दिखाई नही देता। इन बकरीयों के पुरे बदनपर चमकदार बाल रहते है। इनकी सिंग चपटी और नाटी रहती है। जमनापारी बकरे (नर) का वजन आम तौर पर से ६५ किलो होता है। इस प्रजाति की

बकरियाँ आम तौर पर फरवरी–मार्च महिने में प्रसव होती है। जुलाई से वह भर जाती है। उनका गाभिन काल औसतन १५० दिन तक रहता है। इस जाति की बकरी साल में एक बार प्रसव होती है और एक या दो मेमनें देती है।

नर मेमने का उपयोग मांस के लिए किया जाता है। इस मेमने के मांस का स्वाद अलग रहता है । इसलिए जमनापारी मेमने (नर) को ज्यादा माँग है। नर मेमना तीन महिनों का हो जाने के बाद उसे बधिया जाता है। उसके बाद इस मेमने को अच्छा पोषाहार दिया जाता है। दक्षिण अफ्रिका, लॅटिन अमरिका जैसे देशों मे इनकी बिक्री की जाती है। स्थानिक जाति के साथ संकरित बकरी की पैदास करने के लिए भी जमनापारी बकरी का उपयोग किया जाता है।

बीटल (पंजाब की काली बकरी)

पंजाब के सभीं जिलों में इस प्रकार की बकरी पायी जाती है। इस शुद्ध प्रजाति की बकरियाँ लुधियाना, कर्नाल, हिस्सार में मिलती है। जमानापारी प्रजाति से इस बकरी की उत्पत्ति हुई है, ऐसा माना जाता है। इन दोनो के रुप ओर आकार में समानता है। बीटल बकरी के कान लंबे होते है। नागबेल जैसे कानों का आकार है, इनके कानों के आकार पत्ते जैसा है, इसलिए इनका नाम अंग्रेजी में 'बीटल' रखा गया है। यह बकरी पूरे साल में एकही बार प्रसव होती है। नवंबर से फरवरी उनका प्रसव होने का काल है। ज्यादा तर यह बकरी जुड़वा या उससे जादा मेमनें पैदा करती है। नर बकरे का वजन औसतन ६५ से ८५ किलो रहता है। बीटल बकरे का मांस अच्छे स्तर का होता है। इस बकरी से प्रसव के बाद १५० लिटर दूध मिलता है। इस बकरी का उत्पादक कार्यकाल १४० से १५० दिन का होता है। और गाभिन काल १५३ से १८७ दिनों का होता है। बीटल प्रजाति के बकरी का चमडा अच्छा रहता है, इसलिए उन्हें ज्यादा माँग है।

बारबरी

इस बकरी की उत्पत्ति मध्य और पश्चिम अफ्रिका में हुई है, ऐसा माना जाता है। नाईल नदी की घाटी, मॉरिशस, मादागास्कर, वैसे ही भारत में उत्तर प्रदेश के अलिगढ़, आग्रा, मथुरा, इटाह परिसर और हरियाना में कर्नाल, गुड़गाव, दिल्ली के आसपास

बारबरी बकरी की पालन किया जाता है। इनका आकार मध्यम रहता है और पैर नाटे रहते है। बकरियों का मुख सीधा, एक रेषा में रहता है। बारबरी बकरी के बदन पर छोटे छोटे, एकदम तलम और चमकदार बाल होते हैं। इस प्रजाति में अलग अलग रंग की बकरियाँ होती हैं, लेकिन ज्यादातर बकरियों का रंग सफेद और उसपर लाल, भूरे या पीले बिंदू होते है। यह बकरी अच्छा दूध देती है। बारबरी नर बकरे का वजन ३५ से ४० किलो होता है। बारबरी बकरी साल में दो बार प्रसव होती है और हर बार दो या तीन मेमनें को जनम देती है। यह बकरी एक साल में कभी भी गाभन रह सकती है।

मलबारी (तेलीचेरी)

यह बकरी उत्तर मलबार, तेली चेरी, मंगलोर, कोट्टायम, चिटक्कल, कालिकत, पोनानो इन शहरों के आस पास पायी जाती है। इनमें बहुत सारे रंग होते है। कुछ बकरियाँ पूरी काली, सफेद, लाल–भूरी,या इन सभी रंगी से मिश्र रंग की भी होती है। मलबारी बकरी के बदन पर ज्यादा बाल होते है। कुछ बकरी के बाल छोटे होते है। मलबारी बकरी देखने में सुंदर होती है। यह पूरे साल में एक बार प्रसव होती है और दो या तीन मेमनों को जनम देती है। इसके मांस का स्वाद अच्छा नही होता, इसलिए मलबारी नर बकरे को ज्यादा माँग नही रहती। लेकिन इनका चमड़ा बहुतही अच्छा रहता है।

सुरती (खान्देशी)

इस प्रजाति की बकरी सुरत, अहमदाबाद, खान्देश, नासिक, मुंबई इस प्रदेशों मे पायी जाती है। इसका रंग काला होता है। बदन पर कुछ कुछ जगह सफेद या भुरे बाल होते है। इसका माँस उच्च श्रेणी का माना जाता है, सुरती बकरी साल में एक बार प्रसव होती है। इस प्रजाति की बकरी आकार से छोटी होती है। इन्हें बहुत कम घास लगती है और यह दूध ज्यादा देती है।

उस्मानाबादी

इस जाति की बकरियाँ आम तौर पर मराठवाडा में उस्मानाबाद, लातुर, बीड, परभणी, पश्चिम महाराष्ट्र, नगर, सोलापूर, वैसेही हैदराबाद, आंध्रप्रदेश, उत्तर कर्नाटक इस प्रदेशों में पायी जाती है। इनमें कुछ कुछ बकरियों का रंग पूरा काला होता है। तो कुछ बकरी

या काले, सफेद, भूरे, लाल, ऐसे मिश्र रंग की होती है। इनमें सिंगवाली बकरी और बिना सिंग की बकरी भी होती है। इनका आकार बड़ा होता है। बड़े बकरे (नर) का वजन ५० से ६० किलो होता है, तो बकरी का वजन ३५ से ४५ किलो होता है। इस प्रजाति का मेमना जनम से ही ढाई से तीन किलो का होता है। बकरी के कान की लंबाई २० सेंटिमीटर होती है और इनके कान नीचे की तरफ झुके रहते है। सिंग की लंबाई १२ से १५ सेंटिमीटर होती है। सिंग पीछे की तरफ मुड जाते है और उपर उठे हुए रहते है। कुछ बकरी के सिंग नीचे झुके हुए भी रहते है। यह बकरी साल में दो बार प्रसव होती है। और इनमें जुड़वा मेमने होने का अनुपात ज्यादा होता है। उस्मानाबादी बकरी का दूध और मांस दोनों कारणों से पाला जाता है। हर रोज ड़ेढ़ से दो लिटर दूध यह बकरी देती है।

झालवाडी

इस जाति की बकरी काठियावाडी प्रांत में झालवाड जिलें में और गुजरात में पश्चिम मेहसाणा, राधापूर इस प्रदेश में पायी जाती है। आकार से बडी होती है और इनके नथुने चौडे और बड़े होते है। गर्दन लंबी होती है। और गले के नीचे दो लोलक हिलते रहते हुए दिखते है। इनकी पूँछ छोटी और ऊपर की तरफ मुडी रहती है। सिंग सीधे और घुमावदार होते है। इसका चमडा नीला, गुलाबी होता है। उनपर चमकदार काले बाल होते। बालों की लंबाई १५ सेंटिमीटर होती है।

झालवाडी नर बकरे का वजन ५० से ६० किलो होता है। और नवजात मेमनें का वजन तीन से चार किलो होता है। यह साल में एक बार प्रसव होती है। एक या दो मेमनों को जनम देती है। यह बकरी दिन में दो से तीन लीटर दूध देती है। इनका मांस बहुतही स्वादिष्ट रहता है।

मेहसाणा

गुजरात कें 'मेहसाणा' जिले सें होने कारण इस बकरी को मेहसाणा बकरी ऐसा नाम दिया गया है। मेहसाणा, कांक्रेज, ठाणा वैसेही पालमपूर, वडोदरा प्रदेश में इस जाति की बकरी पायी जाती है। यह बकरी आम तौर पर काले रंग की होती है। और इनके शरीरपर मटमैले, काले ऐसे मिश्र रंगके मोटे बाल रहते है। इनके चमडे का रंग भी मटमैला होता है। इनके कान

को अंदर का हिस्सा सफेद होता है और उनपर काले बूंदे होते है। इस बकरी को छोटी दाढी भी रहती है। आम तौरपर इनकी कद सामान्य होती है। और नाक रोमन ऊँट जैसी होती है।

पूँछ छोटी रहती है और नोक पतली होती है। मेहसाणा बकरे (नर) का वजन ३० से ३५ किलो होता है। बकरी साल में एकबार प्रसव होती है। और आम तौर पर एकही मेमने को जनम देती है। बकरी की उम्र बढ़ जाती है तो जुड़वा मेमने पैदा कर देती है। इस बकरी का मांस अच्छे दर्जे का नही माना जाता, लेकिन इसका दूध अच्छा होता है। दूध के लिए यह प्रजाति विख्यात है। यह दिन में पाच लिटर दूध देती है।

मारवाडी (मारवारी)

इस जाति की बकरी मेहसाणा जिले के उत्तर भाग, कांक्रेज थारड, वान, देवदार इस प्रदेशमें पायी जाती है। इनके बाल काले होते है। चमडे का रंग काला और तांबे जैसा होता है। आकार मध्यम होता है। नर बकरे का वजन ३० से ३५ किलो होता है। यह बकरी साल में एक बार प्रसव होती है और आम तौर पर एक बार एक ही मेमनें को जनम देती है। इनका मांस स्वादिष्ट रहता है। मारवाडी बकरी से मांस, दूध और लंबे बाल ऐसे तीन प्रकार से आमदानी होती है। इन बकरी की रोग प्रतिबंधात्मक क्षमता भी अच्छी होती है। इसलिए यह बकरी अनायासे रोगी नही बनती।

सिरोही

इस जाति की बकरी गुजरात और राजस्थान में पाई जाती है। बकरी का रंग सफेद, भूरा और लाल–सफेद का मिश्रण होता है। इनके बदन पर मोटे और छोटे छोटे बाल होते है। बकरी का मध्यम आकार की और घाटदार होती है। पूँछ पर मोटे और नुकिले बाल होते है।

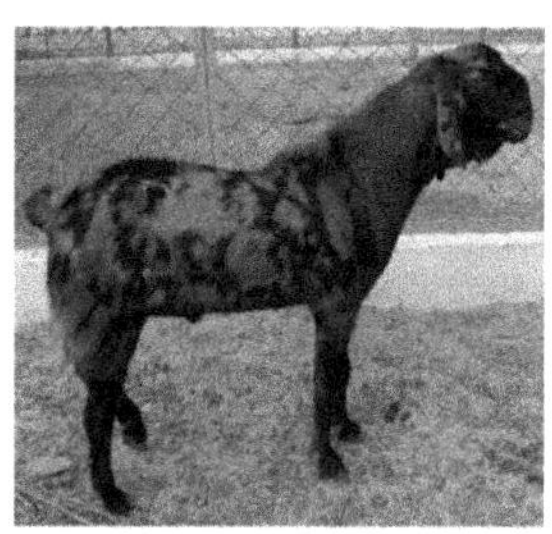

इसके नथुने छोटे और पतले होनेवाले रहते है। नर बकरे का वजन ५० किलो होता है। और नवजात मेमना आम तौर पर दो किलो होता है। साल में एक बार ही प्रसव होती है। इनमें से कुछ जुड़वा मेमने पैदा करती है। इनका दूध और मांस दोनो अच्छा होता है। बंद जगह में बकरी पालन व्यवसाय करनेवाले लोग इस जाति की बकरी का चयन करते है।

कच्छी या काठियावाडी

यह जाति गुजरात के कच्छ, काठियावाड, अहमदाबाद और राजस्थान के दक्षिण प्रांत में पाई जाती है। इनका रंग काला रहता है और बदन पर लंबे बाल होते है। इनके चेहरे पर और कान पर सफेद और काले बूंदे होते है। इनके सिंग पेंच के आकार जैसे घुमावदार होते है। नर बकरे का वजन ३० ते ४० किलो होता है। साल में एक बार प्रसव होती है। एकबार एक या दो मेमनों को जनम देती है। नर मेमनें का उपयोग मांस उत्पादन के लिए किया जाता है। इनका मांस बहुतही स्वादिष्ट होता है। इनके बालों से भी थोडा बहुत उत्पन्न मिलता है।

काली बंगाली (बंगाल की बकरी)

इस प्रकार की बकरी ओडिशा राज्य के उत्तर भाग, बिहार के पूर्व भाग, आसाम और आसपास के प्रदेशों में पाई जाती है। इसका रंग काला, तांबे जैसा या सफेद होता है। इसके बदन पर मुलायम और छोटे छोटे बाल होते है। यह बकरियाँ नाटी और आकार से छोटी रहती है। बड़े नर बकरे का वजन १४ से १६ किलो होता है। इनके माँस का दर्जा उच्च होता है। इसके चमडे से जूतो का निर्माण किया जाता है। इस जाती के बकरी के चमडे को विदेश में भी माँग है। लेकिन यह बकरी ज्यादा दूध नही देती। अपने मेमनो को पिलाने इतनाही दूध देती है।

गंजम बकरी

इस बकरी का पालन घुमन्तु समाज के लोक करते है। गंजम, ओडिशा, आंध्रप्रदेश का तटवर्ती इलाखा, मध्यप्रदेश के दक्षिण-पूर्व भूप्रदेश में इस प्रकार के बकरी को पाला जाता है। यह काली, सफेद और भूरे रंग की होती है। इनके बदन पर छोटे छोटे बाल होते है। और नर को दाढ़ी रहती है। यह बंगाली बकरी से आकार में बड़ी होती है। नर बकरे का वजन ३५ किलो तक होता है। यह बकरी साल में दो बार प्रसव होती और आम तौर जुड़वा मेमनें पैदा करती है। इन्हें दूध कम ही रहता है। ज्यादा तर यह बकरी मांस उत्पादन के लिए पाली जाती है।

गद्दी (चंबा)

हिमालय के पर्वतीय क्षेत्र के निचले हिस्सों में कांगड़ा घाटी, चांबा, सिरपूर और सिमला इलाखे में गद्दी जमाती के घुमन्तू लोग इस जाति की बकरी का पालन करते है। इस बकरी का रंग सफेद, भुरा और तांबे जैसा होता है। इसके बदनपर लंबे लंबे बाल होते है। आम तौर पर २५ सेंटिमीटर लंबे बाल इस जाति की बकरी के पर शरीर होते है। एक बार बाल काटे, तो एक किलो बाल निकलते है। इस बकरी के सिंग घुमावदार और लंबे होते है। इसकी चमडी बहुतही मोटी होती है। हिमाचल प्रदेश में बदलते हवामान के दुष्परिणाम मोटी चमडी के कारण इन बकरियों पर होता नही। यह जाति की बकरी चरते चरते बहुत दूर तक जा सकती है, थकती नही। नर बकरे का वजन आम तौर पर ३० किलो होता है। साल में एक बार प्रसव होती है। और एक या जुड़वा मेमना पैदा करती है। इस बकरी का महत्त्वपूर्ण उपयोग बालों के उत्पादन के लिए किया जाता है। वैसे ही मांस उत्पादन भी किया जाता है। इन बकरी के बालों से बिछौने की दरी, मजबूत ड़ोर और बर्फरोधक जूते बनाए जाते है। पर्वतीय क्षेत्र में इस बकरी के उपर सामान लादकर वहन किया जाता है।

पश्मिना (तिबेटी, चांगथंगी)

इस प्रकार की बकरी मुख्यत: हिमालय पर्वतराजी में उँचे पर्वतीय क्षेत्र में पाई जाती है। वैसे ही तिबेट, लद्दाख, प्रदेश में भी पाई जाती है। इस बकरी में बहुतही चापल्य रहता है। और हर तरह के पेड़ पौधों का पाला बड़े चाव से खाती है। इनका रंग सफेद, तांबे जैसा भूरा और राख जैसा होता है। इसके सिंग का आकार छोटा होता है। इसके चेहरे पर भी मोटे मोटे बाल होते है। उपर दिखाई देनेवाले लंबे बालों के अंदर एकदम मुलायम पश्मिना ऊन बढती है। इस पश्मिना ऊन को मौल्यवान माना जाता है। एक बकरी से ३० से ६० ग्रॅम ऊन निकलती है। इस मुलायम ऊन से 'पश्मिना शॉल' बनाई जाती है। इन बकरियों का आकार मध्यम होता है। मात्र इनके पैर बहुतही मजबूत होते है। मजबूत पैर के बलबूते यह बकरी पर्वतीय क्षेत्र में अनायास घुम सकती है। नर बकरे का वजन ४० से ५० किलो होता है। यह साल में एक बार प्रसव होती है, और एक या दो मेमनों को जनम देती है। इस बकरी सें अच्छा मांस मिलता है। पर्वतीय क्षेत्र में बोझा लादनेमें यह बकरी काम आती है।

चेगू

इस जाति की बकरी स्थिती, याकसर, कश्मिर और तिबेट इन पर्वतीय क्षेत्र में पाई जाती है। घुमंतू लोग इसे पालते है। यह आकार से मध्यम होती है। नर का वजन ३५ से ५० किलो होता है। यह सफेद, रक्षा के रंग के, तांबे जैसे या ईट जैसे रंग की होती है। इनके बदनपर लंबेलंबे बाल होते है और अंदर की ओर अति मुलायम पश्मिना ऊन का एक अलग स्तर होता है। इस प्रकार के एक बकरी से ११० ग्रॅम पश्मिना ऊन मिलती है। पश्मिना ऊन बस १२ मायक्रॉन तक ही मोटी होती है। यह बकरी साल में एक ही बार प्रसव होती है। और एक ही मेमनें को जनम देती है। इनको जुड़वा मेमने होने का चलन बहुत ही कम है। इस बकरी का मांस भी उच्च होता है।

आसामी बकरी

इस प्रकार की बकरी मुख्यत: आसाम के पर्वतीय क्षेत्र में पाई जाती है। इसका रंग सफेद, भूरा, मटमैला होता है। इसे दाढी होती है, और बदन पर लंबे बाल होते है। यह बकरी लंबी होती है और इनके पैर नाटे होते है। इनका सिंग माथे से पीछे मुडे होते है। बड़े नर बकरे का वजन ३० किलो तक होता है। यह सालमें दो बार प्रसव होती है, और आम तौर पर जुड़वा मेमने पैदा करती है। इन का मांस स्वादिष्ट होता है।

कश्मिरी बकरी

इस प्रकार की बकरी जम्मू, कश्मिर, हिमाचल और उत्तर प्रदेश के पर्वतीय इलाखों में पाई जाती है। शीत तापमान में ही यह बकरी रह सकती है। गर्म प्रदेश में इनका पालन करना असंभव है। इनके बदनपर सफेद और काले पट्टे रहते है। यह काले-सफेद रंग की होती है। इनके बदन पर १० से १२ सेंटिमीटर लंबे लंबे बहुत ही मऊ मुलायम, रेशम जैसे बाल रहते है। इन लंबे बालों के अंदर पश्मिना ऊन उगती है। मुलायम और गरम रहने में की अच्छी ऊन के लिए यह जाती की बकरी पूरे विश्व में विख्यात है। यह पश्मिना ऊन अक्तुबर से फरवरी महिने में उगती है। बाहर का तापमान जैसे जैसे बढ जाता है, वैसे ही अंदर की पश्मिना ऊन चमडीसे छुट जाती है, और बाहर के लंबे बालोंमें अटक जाती है। कंघी कर के पश्मिना ऊन निकाली जाती है। एक बकरी से औसतन १५० से २०० ग्रॅम तक ऊन का उत्पादन निकलता है। इस जाति

का नर बकरा आकार से बड़ा होता है उसका वजन ६० किलो तक होता है। बकरी साल में एक ही बार प्रसव होती है। और आम तौरपर जुड़वा मेमनों को जनम देती है। इन बकरी को उपयोग मुख्य रुप से पश्मिना ऊनके लिए ही किया जाता है। इस ऊन से किमती शॉल बनाई जाती है। इस बकरी का उपयोग मांस उत्पादन और बोझा ढुलाई के लिए भी किया जाता है। बकरी के लंबे बालों से मजबूत डोरी बनाई जाती है। और चमडे का उपयोग धान का वहन करने के लिए बड़ा थैला बनाने के लिए किया जाता है।

कोंकण कन्या

इस प्रजाति की बकरी काले रंग की होती है। सर से पेट तक दोनो तरफ से दो सफेद पट्टे इसके बदन पर होते है। कोंकण क्षेत्र में इस प्रकार की बकरी पाई जाती है।

बेराटी

बकरी की इस जाति विदर्भ में पायी जाती है। इनका रंग ईट जैसा होता है। बकरी (मादी) के पीठ पर काला पट्टा होता है। तो नर बकरे के गलेपर काला पट्टा होता है। यह जाति दूध और मांस उत्पादन के लिए उपयुक्त है। इन बकरी में जुडवा मेमना होने का प्रमाण ५० प्रतिशत है। बकरी का वजन ३५ से ४० किलो होता है, तो नर बकरे का वजन ४० से ४५ किलो होता है।

मांस उत्पादन के लिए विदेशी बकरी

विदेशी जाति की कुछ बकरियाँ दूध और मांस उत्पादन के लिए प्रख्यात है। इनमें से कुछ कुछ जाति की बकरियों का अपने देश में संकर कर के उपयोग किया जाता है। इस में सानेन, अल्पाईन, टोगेनबर्ग, ॲंग्ला–न्यूबियन, बोअर, चामोझ अथवा चामोईस, अंगोरा इन जातिओं का समावेश है।

मांस उत्पादन के लिए 'बोअर' इस विदेशी बकरी को प्राधान्य दिया जाता है। सातारा जिले में फलटन तालुका में इस प्रकार की बकरी का संकर किया है और यह प्रयोग सफल हुआ है।

'बोअर' की विशेषता

- इस बकरी की मूल जाति दक्षिण अफ्रिका से है।
- यह जाति बहुत ही तेजी से बढ़ती जाती है। नर और मादा जल्द प्रजननक्षम बनते है।
- मादा छह से आठ महिनों में और नर छह से सात महिनों में पैदासक्षम बनते है।
- मादी की प्रजननक्षमता अच्छी है। आम तौर पर इस बकरी को जुड़वा मेमने अथवा उस से जादा मेमने भी होते है।
- इनकी हड्डियाँ मजबूत होती है और बदन पे बहुत ज्यादा मांस होता है।
- प्रौढ बकरी का वजन ६० से ७० किलो होता है और नर बकरे का वजन ७० से ८० किलो होता है।
- इस प्रकार की बकरी की चमडी का दर्जा अच्छा है, इसलिए चमड़ी से भी अच्छी खासी आमदानी होती है।
- नर बकरे के साथ बकरी का मांस भी स्वादिष्ट होता है।
- इन बकरियों में सर्व प्रकार के तापमान से तालमेल रखने की क्षमता होती है। सातारा और पुणे जिले में इस बकरी का पालन बड़े तौर पर किया जाता है।
- बकरी दिखने में अच्छी होती है। उसकी सिंग का आकार भी मध्यम होता है। पीछे की तरफ झुकी हुई सिंग होती है।
- यह बकरी सफेद होती है। कुछ बकरियों के बदन पर काला अथवा ईट जैसे रंग का पट्टा या छोटे बड़े बिंदू होते है।
- यह बकरियाँ पालने में ज्यादा तकलीफ नही होती और बहुत अच्छा वृध्दीदर होने से विक्रय योग्य जल्दी करने ही तैयार होती है।

महाराष्ट्र बकरी संशोधन और विकास संस्था, फलटन, जिला - सातारा में दमास्कस और बोअर जाति के 'नर बकरे'का ताजा, प्रशीतित वीर्य मिलता है। और बकरी का कृत्रिम तरिके से रेतन किया जाता है। प्रजनन के लिए शुद्ध और संकरित बोअर और दमास्कस बकरी और बकरे मिलाते है।

बकरी की उपयुक्त प्रजाति

बकरी पालन व्यवसाय से दूध, मांस, खाद ऐसे विभिन्न लाभ होते है। बकरी का दूध विभिन्न विकारों पर औषधि माना जाता है। कुछ विशिष्ट प्रजाति के बकरी का दूध औषधि के तौर पर ज्यादा उपयुक्त होता है। वैसे ही कुछ जाति के बकरे का मांस स्वादिष्ट होता है।

दूध के लिए उपयुक्त प्रजाति

जमनापारी : उत्तर भारत में गंगा, जमुना, और चंबल नदी की घाटी में यह जाति पाई जाती है। इस बकरी का रंग सफेद अथवा सफेद पर तांबे जैसे रंग के बिंदू होते है। इस जाति दूध और मांस उत्पादन दोनों के लिए अति उपयुक्त है। इस बकरी के कान दस इंच तक लंबे और लटकते हुए रहते है। इसका नाक तोते जैसा बाँकदार होता है, इसके कारण यह बकरी दिखने में सुंदर, आकर्षक होती है। आकार भी बडा रहता है, लंबी होती है और पिछले बाजू में लंबे, मोटे बाल होते है। मुश्किल परिस्थिती, कठनाई के समय में भी जीवित रहने की क्षमता इस बकरी में बहुतायत होती है। नर बकरे का वजन ६० से ९० किलो होता है। और बकरी का वजन ५० से ६० किलो होता है। यह बकरी की क्षमता तो पाँच लिटर तक दूध देनेकी भी होती है। परंतु इस बकरी को एक बार एक ही मेमना होने का प्रचलन ज्यादा है। एक प्रसवकाल में ६०० लिटर दूध यह बकरी देती है। और इस दूध में ३.५ से ४ प्रतिशत स्निग्धांश चिकनाई होती है।

बीट्ल : इसे 'अमृतसरी' नाम से भी पहचाना जाता है। इस बकरी का मूल स्थान पंजाब, झेलम, अमृतसर, फिरोजपूर परिसर में है। इसका आकार छोटा है। इसका सिर 'जमनापारी' जैसाही होता है, और कान लंबे, खाने के पत्ते जैसे होते है। इसके सिंग पीछे की तरफ मुडे हुए रहते है। नर बकरी का वजन ६५ से ८५ किलो; तो बकरी का वजन ४० से ६० किलो तक होता है। यह बकरी हररोज दो से चार लिटर इस हिसाब से पाँच महिने तक दूध दे सकती है। एक प्रसव काल में २२० लिटर तक दूध मिल सकता है।

बारबेरी : यह मूलतः अफ्रिका की है। भारत में आग्रा, मथुरा प्रदेश में पाई जाती है। इसका रंग सफेद होता है और बदन पर लाल अथवा तांबे जैसे बूंदे होते है। इसकी प्रजनन क्षमता अच्छी है और दूध भी अच्छा देती है। यह बकरी बारह से पंधरा महिने में जुड़वा मेमनों को जनम देती है। और हररोज एक से दो लीटर दूध देती है। यह बकरी नाटी रहती है और शहरी क्षेत्र में दूध के लिए इसका खास तौर पर पालन किया जाता है।

सुरती : इस जाति की बकरी गुजरात में सुरत शहर के आसपास और महाराष्ट्र में धुलिया, जळगाव, नासिक, मुंबई परिसर में पाई जाती है। यह आकार से छोटी होती है। मादी का वजन ३५ से ४० किलो होता है। यह बकरी सफेद होती है। इसका थान बड़ा रहता है और यह हररोज एक से दो लिटर दूध देती है।

सिरोही/अजमेरी : राजस्थान के अजमेर प्रांत में यह बकरी पाई जाती है। इसका रंग गाढ़े ईट की तरह रहता है। इनका थान बड़ा रहता है और यह हररोज आम तौर पर दोन लिटर तक दूध देती है।

मांस के उत्पादन योग्य उपयुक्त प्रजाति

उस्मानाबादी : उस्मानाबाद, बीड, लातुर, नगर इस प्रांत में काले रंग की यह बकरी बड़े पैमाने पर पाई जाती है। यह प्रजाति की बकरी बहुत मजबूत रहती है। यह हररोज एक से दो लिटर तक दूध देती है। अच्छे तरीके से व्यवस्थापन किया जाए, तो तीन महिनों में नर बकरे का वजन आठ से दस और मादी का वजन छह से सात किलो होता है। आँठ नौ महिने में नर बकरा १८ से २० किलो का और बकरी ३५ से ४५ किलो की होती है। ८ से १० माह में मेमने का विक्रय कर सकते है। मेमने को बकरी के दूध के साथ साथ पोषण आहार, घास, और खाद्यान्न दे दिया जाए तो वजनमें अच्छी वृद्धी होती है। इस प्रजाति के बकरी को जुड़वा और उससे भी जादा मेमनें होना आम बात है।

मारवाडी: यह राजस्थान में पाई जाती है। इसका रंग काला होता है और इसकी रोग प्रतिकार क्षमता अच्छी होती है। आकार से छोटी रहती है। मादी का वजन ३० से ३५ किलो होता है। यह बकरी दूध और मांस उत्पादन के लिए उपयुक्त है। इस प्रजाति के नर बकरे को दाढी होती है।

संगमनेरी : नगर, पुणे जिलों में यह प्रजाति पाई जाती है। इसका आकार मध्यम होता है और रंग सफेद होता है। कुछ कुछ बकरियों के बदनपर काले, तांबे जैसे बूंदे होते है। दूध और मांस के उत्पादन के लिए यह जाति उपयुक्त है।

संगमनेरी

बकरी पालने की पद्धति

बकरी पालन व्यवसाय से दूध, मांस, चमडी और खेत के लिए खाद ऐसे बहुविध लाभ होते है। बकरी का गाभिन काल कम होता है। और उनसे एक से ज्यादा मेमनें मिलते है, इसलिए इस व्यवसाय से लाभ मिलने का प्रतिशत भी ज्यादा है। लेकिन बकरी के खाद का सवाल दिन ब दिन कठीन बनता जा रहा है। औद्योगिक वसाहत की वृद्धी के कारण घास स्थली, घास की मैदानें इनकी संख्या दिन ब दिन कम होती जा रही है। अब इस समस्या को देखते हुए बकरी पालन का व्यवसाय करते वक्त वह किस तरह से करना चाहिए, यह बहुत महत्वपूर्ण है।

बकरी पालन पद्धति तीन प्रकार की होती है, –

१. **चरागाह बकरी पालन :** इस में बकरियों को चरने के लिए मुक्त छोड दिया जाता है।

२. **अंशत: बंधक बकरी पालन :** इस पद्धति में बकरियों को दिन में कुछ समय चरने के लिए बाहर घुमने दिया जाता है, और बाद में बाड़े में बाँध दिया जाता है। इस पद्धति में आवश्यकतानुसार घास, चारा बकरी को दिया जाता है।

३. **पूर्ण बंधक बकरी पालन :** इस पद्धति में बकरियों को बाड़े में ही बाँधकर रखा जाता है। उनको गिली, सुखी घास, चारा और बाकी सारा खाद्य बाड़े में ही दिया जाता है।

चरागाह बकरी पालन

इस पद्धति में बकरियों को सुबह जल्दी ही चराने बाहर ले जातें है। तब बकरी रास्ते के किनारे लगे हुए छोटे छोटे पेड पौंधे, हरा चारा, वैसे धान की कटाई के बात रिक्त हुआ खेत, बंधारे पर उगा हुआ चारा, इनका सेवन भरपेट करती है। निसर्ग नियम के अनुसार बकरी को शाक–झाड़ को कुरेद कर खाना पसंद होता है। थोडे उँचाईपर होनेवाला हरा शाक–झाड कुद कुदकर खाने का प्रयास बकरी करती है। इससे उसको हररोज कसरत भी होती है। और इस तरह से पालन की हुई बकरी की तबियत अच्छी रहती है। उन्हें आम तौर पर रोग होतो नही और खाने के लिए अलग खर्चा करने की जरुरत नही होता. सिर्फ उन्हें संभानेवाले मजदूर पर खर्चा करना पडता है।

चरागाह पद्धति से बकरी पालते वक्त बरतने योग्य सावधानी

१. बकरियों को चराते लेते वक्त और वापस लाते वक्त दुसरों के धानका फलबागों का और खेती का नुकसान होनेवाला नहीं है, इसकी दक्षता रखनी चाहिए।

२. कीटकनाशकों का छिड़काव कर के कटाई की हुई वनस्पती, टाकाऊ पाला, बकरियों को नही देना है। इससे जहर की बाधा हो सकती है। अंगुर, बेर जैसे बागान पर कीटकनाशक का अंश जमा होता है। ऐसी हरी घास बकरी ने खा ली तो धीरे धीरे उसके शरीर में कीटकनाशक का जमाव होता जाता है, और कुछ दिनों के बाद बकरी पंगू हो सकती है। और इस बकरी के मेमने में भी पंगूत्व आ सकता है। बकरियों को पेट में कर्करोग होने के लिए कीटकनाशक का पेट में जाना कारण बन सकता है।

३. बकरियों को चराने के लिए दूर तक ले जाने के कारण उनकी शक्ति चलने में खर्च होती है। और बकरियाँ अशक्त हो सकती है।

४. गाभिन बकरी को पहिले चार माह बाद दूर अंतर पर चरने के लिए मुक्त ना छोड़े, बकरियों के झुंड में बडे बकरियों के साथ हाथापाई हो गई, तो गर्भपात होने की संभावना होती है। बकरियों के मेमने तीन से चार महिने के होने के बाद ही चरने के लिए ले जाने चाहिए, उस वक्त तक उनकी खाने की व्यवस्था बाडे में ही करनी चाहिए।

५. बकरियों को गंदा पानी ना पिलाए। क्योंकि उस पानी से कीटाणू, कृमि उसके पेट में प्रवेश कर सकते है।

६. चराऊ बकरियों में रोगजंतू का प्रादुर्भाव बड़े तौर पर होता है, इसलिए बकरी और मेमनों को नियमित तौर से कृमिनाशक दवाई पिलाती रहनी चाहिए।

७. झुंड में किसी बकरी को रोग हो गया, तो उसे त्वरित बाहर निकाल कर उसकी स्वतंत्र व्यवस्था करनी चाहिए, अन्यथा निरोगी बकरियों को भी रोग लग सकता है।

८. चराऊ बकरियों के झुंड में ३० से ४० बकरी में एक, इस अनुपात से एक नर बकरी

जरूर रखना चाहिए – इससे प्रजननक्षम बकरी गाभन होने में मदत मिलती है।

अंशत: बंधक बकरी पालन पद्धति

इस पद्धति में दिन में चार से पाँच घंटे बकरियों को चरने के लिए मुक्त छोड दिया जाता है। सुबह या दोपहर के बाद उन्हें आसपास की खेती या रिक्त स्थानों में छोडा जाता है अथवा पर्वतों पर चरने के लिए भेजा जाता है। अन्य समय बाड़े में बाँध दिया जाता है। बकरियाँ बाड़े में होती है, तब उनको चारा, हरी घास, मेथी घास, और पोषक खाद दिया जाता है, इस पालन पद्धति में बकरियों को नियमित रूपसे पोषक आहार और चराऊ पद्धतिसे भी चारा मिलता है, इसलिए उनका वजन अच्छा रहता है और जननक्षमता भी अबाधित रहती है।

अंशत: बंधक बकरीपालन पद्धतिका नफा–नुकसान : इस पद्धति का सब से अच्छा नफा बकरियों को रोज चारसे पाँच घंटे बाहर चरनेके लिए मिल जाता है। इससे उनकी कसरत अच्छी होती है और पचन शक्ती भी अच्छी रहती है। उनके लिए अलग हरा चारा खरीदने की जरूरत नही पडती। बकरियाँ जब चरने के लिए बाहर जाती है, उसी काल में बाड़े की साफसफाई कर के वो सुखाना उचित होता है। पूर्णत: बंधक बकरी पालन से अंशत: बंधक पद्धति ज्यादा अच्छी और कम खचेमें लाभदायक हो सकती है। और सबसे महत्वपूर्ण बात, बकरियों की विष्ठा सें तैयार होनेवाला लेंडी खाद दर्जेदार माना जाता है, और इससे भी अच्छीखासी आमदानी हो सकती है।

इस पद्धति में बकरी पालन करते वक्त कुछ सावधानी बरतनी पडती है। बकरियों को चराने के लिए ले जाने की जगह बार बार बदलनी पडती है। उन्हें एक ही जगह ले जाने से हरी घास कम हो जाती है और उनका कुपोषण भी हो सकता है। गाभिन झुंड में प्रजननक्षम बकरा रखना जरुरी है। बाड़े में नर बकरे को अलग बाँधकर उसकेज्यादा खुराक, पोषाहार देने की जरुरत होती है। चरागाह और अंशत: बंधक बकरी पालन इन दोनो पद्धति के लाभ अंशत: बंधक बकरीपालन पद्धति में हो सकते है।

- इस योजना का प्रकल्प खर्च ८७ हजार ८५७ रुपिये सरकार की ओर से निर्धारित किया है। अनुसूचित जाति/जमातिके लिए २५ प्रतिशत मतलब २१ हजार ९६५ रुपिये खुद की लागत राशी भरने की जरुरत है। और उर्वरित राशी ७५ प्रतिशत मतलब ६५ हजार ८९२ रुपयों का अनुदान दिया जाता है।
- अन्य वर्गों के लिए पचास प्रतिशत मतलब ४३ हजार ९२८ रुपयों का अनुदान दिया जाता है।

बंधक बकरी पालन पद्धति

इस पद्धति में सभी बकरियों को एक ही जगह बाड़े में बांधा जाता है। उन्हें जगहपर पानी,

हरी घास, चारा, आदी पोषण आहार दिया जाता है। बकरी को एकही जगह चरना और बाँधे रहना बिलकूल ही अच्छा नही लगता। उनके बदन को बदबू आती है। वे भी अस्वच्छ जगह में रहने के लिए नाखूष रहती है। इसलिए बंधक पद्धति से बकरी पालन करते समय उनके पसंद का चारा, घास और साफ सफाई की तरफ ज्यादा ध्यान देना पडता है। वैसे बकरी स्वभाव से ज्यादा खानेवाली होती है। उन्हें चरना मनःपूत अच्छा लगता है। हरी घास दिखाई दी, तो वह क्षमतासे जादा खा लेती है। परंतु उसका पचन होना कठीन जाता है इसलिए उनकी जरुरत देखकर हरी घास उनके बाड़े में रखनी चाहिए।

मटन की बढती माँग के कारण बकरी पालन व्यवसाय का महत्व भी बढ गया है। उस के लिए बंधक बकरी पालन पद्धति अधिक लाभदायक हो सकती है। लेकिन इस विषय का अभ्यास करने की जरुरत है। बकरी का चारा और घास का व्यवस्थापन, खाद्य, बाड़ा, औषधोपचार, रोगप्रतिबंधक उपाययोजना, प्रजनन की समयसारणी, मेमनों के बारे में सावधानी इन सभी विषयों का विस्तृत अध्ययन करके ही यह व्यवसाय करना ठीक रहेगा।

पूर्णतः बंधक पद्धतिसे बकरी पालन के लाभ

- बकरियों का चराने के लिए बाहर लेके जाते नही, इसलिए उनको संसर्गजन्य रोगजंतू का कृमिओं का प्रादुर्भाव कम होता है, और खाने का खर्चा भी कम होता है।
- बकरियों को बाड़े में ही खाद्य और पानी बहुत मिल जाता है, इससे उनकी वृद्धी तेजी से और अच्छी होती है। बकरीयों को अकाल मृत्यूसे बचाया जा सकता है, और इससे मुनाफा बढ जाता है।
- चरागाह पद्धति से ज्यादातर फँसल और उपयुक्त झाड़ी गुच्छेदार वनस्पतिओं को नुकसान पहूँच सकता है, बंधक पद्धति में यह बरबादी टाली जा सकती है।
- इस पद्धति में बकरियों का चलनवलन ज्यादा नही होता, इसलिए उनका वजन बढता

है और प्रजनन क्षमता भी बढ़ती है।

- बाड़े की सभी बकरियाँ एक साथ रहती है, इसलिए उनपर नजर रखना, उनकी देखभाल एकसाथ करना, लसीकरण करना, सारी बकरियों की गिनती करना एक ही आदमी अनायास कर सकता है। देखभाल का खर्च कम हो सकता है।
- बकरियों के मल से लेंडी खाद, मांस और दूध इस तरह तीनों लाभ ले सकते है।
- अच्छी प्रजाति की बकरियों का चयन कर के संकरित प्रजनन वृद्धी कर दी, तो बहुत ही अच्छी आमदानी हो सकती है।
- आधी अधुरी जानकारी लेकर यह व्यवसाय करना गलत बाद है। इस व्यवसाय के लिए प्रशिक्षण लेकर निवेश करना सही होता है।

बंधक पद्धति से बकरी पालन करते समय बरतने की सावधानता:

- सब से पहले हमे कितनी बकरियाँ पालनी है, और भविष्य में बकरियों की संख्या में कितनी वृद्धी हो सकती है, इसका विचार करके बाड़े की रचना करनी चाहिए।
- बाड़ा एकदम साफ–सुथरा, सुखा और निर्जंतुक रखना पडता है। बाड़े में कुछ समयावधि में जंतुनाशकों का छिडकाव करना पडता है।
- सभी बकरियों को पशुचिकित्सक परामर्श से हर तीन माह में कृमिनाशक दवाई पिलानी चाहिए।
- बकरियाँ, मेमने, प्रजननक्षम नर बकरे, अनुत्पादक बकरी, गाभन बकरी ऐसे हर वर्ग के लिए बाड़े में स्वतंत्र जगह होनी चाहिए, और उन्हें थोडा घुमने–फिरनेके लिए आँगन भी होना चाहिए।
- बाड़े के पास ही स्वच्छ जल की व्यवस्था, लेंडी खाद, गिला और सुखा चारा–घास, मुरघास इन सभी की व्यवस्था होनी चाहिए।
- कोई बकरी बीमार पड जाए तो, उसको बाड़े से अलग रखनेकी व्यवस्था होनी चाहिए। बाड़े में ही बिमार बकरी रखे, तो बाकी बकरीयों को संसर्ग हो सकता है।
- बकरियों पर प्रथमोपचार करने के लिए और उनकी सभी जानकारी रखने के लिए बाड़े के पास ही कार्यालय की लिए जगह रखनी चाहिए।
- ज्यादा तर बाड़ेवाले लोग कुछ भी जानकारी लिखित स्वरुप में रखते नही। लेकिन लसीकरण, बकरियाँ भरना और बाकी जानकारी लिखित नोंदीकृत कर दी, तो कार्य बहुत सुकर, सुलभ होता है।
- पूर्णतः बंधक बकरी बाड़े को देखने के लिए कोई अभ्यागत आ गये, तो बाड़े के प्रवेशद्वार पर ही कृमिनाशक मिश्रित पानी का फव्वारा मारने की व्यवस्था होनी चाहिए,

इससे बाहर से रोगजंतू का संसर्ग होने का धोका टालना आसान होता है।

बिना सिंग की बकरियाँ (डिसबडिंग)

बकरियोंके सिंग लंबे हो तो आपस में लढाई–झगडे करते वक्त उन्हें गंभीर चोट पहुँच सकती है। यह धोखा टालने के लिए बकरी और बकरे के सिंग काटना जरुरी है। यह काम करते वक्त सिंग के अगल बगल का हिस्सा सुन्न करना जरुरी है। सिंग निकालने के बाद रक्त का अतिरिक्त बहाव होता है और मक्खियों का उपद्रव भी होता है। इस लिए औषध योजना करनी पडती है। और लोहे की गरम सरिया के मदत से, तीव्र रसायन, सिंगनाशक सयंत्र की सहाय्यता से सिंग निकाल सकते है। इतना सब करने के बजाय बिना सिंग की प्रजाति की बकरी का चयन करना आसान है। इससे यह सब खर्चा कम हो जाऐगा।

बदबूदार ग्रंथी नष्ट करना

बकरी के सिंग के पास 'मस्क ग्रंथी' होती है, इससे बदबू पैदा होती है। प्रजनन काल में यह ग्रंथी ज्यादा मात्रा में स्रवती है। इस के कारण बकरी के दूध को विसीज बदबू आती रहती है। मस्क ग्रंथी बकरी छोटी रहते समय ही छोटीसी शस्त्रक्रिया कर के निकालनी चाहिए या तो लोहे की (गरम) सरिया से डाग देकर नष्ट करनी चाहिए। इससे बकरी के दूध को बदबू आना बंद हो जाता है। मेमने छोटे होते तभी उनको बधिया दिया, तो भी बदबूदार दूध आना बंद हो जाता है।

बकरियों की गिनती करना

बकरियों की उत्पादकता की अचूक पंजीकरण करके उनका अंकन करना आवश्यक है। इसलिए मेमनें के उम्र में ही उनके कानपर जिस जगह बाल नही है उस जगह पर अंक गुंदवाने का काम करना पडता है। और एक काम भी कर सकते है। पितल या ॲल्युमिनिअम धातूओं की पट्टिका बनाकर वह मेमने के कान छिदवाकर डाल सकते है। इस पट्टिकासे बकरीके बारेमें सभी जानकारी रख सकते है। बकरी कब प्रसव हो गई, उसने कितने मेमनेको जनम दिया, इनकी जानकारी रखना बहुतही आवश्यक है।

बकरियों के नाखून काँटना

बकरियों के नाखून और पैर का पिछला हिस्सा नियमित रुपसे बढता रहता है। नाखून ज्यादा बढ़ गये तो बकरियों को चलने में दिक्कत आती है; और बकरी परेशान होती है। चलते वक्त वह लंगडाती रहती है। जो बकरियाँ चरने के लिए हर रोज बाहर जाती है, उनके नाखून घिस जाते है। लेकिन बाड़े में बंधी हुई बकरियों के नाखून नियमित धारदार कैचीसे काँटना बहुत आवश्यक

होता है। वैसे भी पैरके पिछले हिस्से में बढ़ा हुआ हिस्सा भी ठीक तरह से काँटना जरुरी है।

खरहरा करना (ग्रुमिंग)

बकरियों के बदन का खरहरा करने का काम भी महत्त्वपूर्ण होता है। इसके लिए बाजार में स्टील की कंघी मिलती है। इस कंघी से खरहरा करने से बकरी की बदनपर जो खुले बाल होते है, उनमें जमी हुई रुखी और गंदगी साफ हो जाती है। खरहरे से उनके रक्त का संचरण अच्छा होता है और चमडी साफ हो जाती है। इससे उनकी रोगप्रतिकार क्षमता बढ़ जाती है। जाड़े के दिनमें मुलायम बुरुशसे खरहरा करना चाहिए, क्योंकि जाड़े के दिनमें बकरीके बदनमें सूक्ष्म बाल उगाना प्रारंभ होता है, और यही छोटे छोटे बाल कडाके की सर्दीसे उनका बचाव करते है।

बाँझ बकरियाँ

कुछ बकरियों में बाँझपन होता है, इसलिए वह गाभिन नही हो पाती। बाँझपन अनेक कारणों से आता है। अनुवंशिक भी हो सकता है या किसी अभाव से हो सकता है। इसपर इलाजभी हो सकता है। बकरी को दे जानेवाले खाद के अभाव हो, तो भी बाँझपन आ सकता है। बाँझ बकरीका मांस काम आता है। कुछ कुछ बकरियाँ कुछ समय के लिए ही बाँझ रहती है। बाद में उनको मेमने हो जा है। गाभन नही रहनेवाली बकरी के लिए कृत्रिम प्रजनक पद्धतिका उपयोग कर सकते है।

महात्मा फुले कृषि विश्वविद्यालयमें आधुनिक प्रणालीसे बकरीको
चराया जाता है। और घास का अपव्यय टालते है।

बाड़ा : अस्थायी और स्थायी

कुछ साल पहले बकरी पालन 'व्यवसाय' नही बना था। गरीब, अल्प भू धारक, अशिक्षित किसान और घुमन्तू लोग अर्थोत्पादन के लिए बकरी पालते थे। उस काल में घर के आँगन में पेड के नीचे आसपास की खुली जगह पर बकरी बाँध देते थे। लेकिन अब दिन बदल चुके है। कम से कम लागत में अच्छी-खासी आमदनी देनेवाला व्यवसाय इस दृष्टी सें अब बकरी पालन की लोकप्रियता बढ़ रही है। बकरियों के लिए सब सुविधा तैयार कर के बाड़े की निर्मिती की जाती है।बाड़े दो प्रकार के होते है। एक अस्थायी और दुसरा स्थायी।

कम खर्चा में बाड़ा

बकरी के मल-मूत्र तीव्र, बदबूदार होते है। इसलिए बाडा निर्माण की जगह थोडी उंची और भुरभुरे पत्थर, कंकड वाली होनी चाहिए। भुरभुरे पत्थरवाली जमीन में मूत्रका शोषण जल्दी हो जाता है और बाड़ा सुखने के लिए मदत होती है। बाड़े में हवा का संचरण अच्छा होना चाहिए, इसलिए बाड़ा थोडे ऊँचाई पर रखना बेहतर होता है। जहाँ दलदली और ढाल है, वहाँ बाड़े का निर्माण नही करना चाहिए। पर्वतीय क्षेत्र में और जमीन का निचला हिस्सा हो, गड्ढा हो तो वहाँ पानी के निकास की व्यवस्था अच्छी होनी चाहिए। दल्दल का क्षेत्र कम करना चाहिए। नदी या नहर के पास बाड़ा हो तो जलस्तर बढकर बाड़े में पानी आ सकता है। ऐसी जगहपर लोहे के खम्बे खड़े करके उसपर लकडी की पट्टीयाँ लगाकर बाड़ा बना सकते है। उसके आजूबाजू गुफ्फेदार, गुच्छेदार झाडी लगाने से नजारा एकदम खिल उठता है और स्वच्छ-साफ-सुथरा रहता है। गर्मी के मौसम में गुफ्फेदार झाडी की वजह से बाड़े का तापमान बढता नही, और बरसात के मौसम में घास नही मिल पायी, तो बकरियों को गुच्छेदार झाडी के पत्ते खाना आसान हो जाता है।

बकरियों के लिए पानी की सुविधा होनी चाहिए, इसलिए बाड़े में कांक्रिट की टंकी तैयार करनी चाहिए। उस में हररोज ताजा,साफ पानी भरनेकी व्यवस्था होनी चाहिए। दिन में समयसारणी बनाकर नियमित रुपसे निश्चित समय पर बकरियों को हरी घास और सुखा चारा

अदल बदल कर देना पडता है। बाड़े के परिसर की जालीदार घेराबन्दी करनी पडती है। और बाडे बाहर एक छोटा नहर, या नाला खोदना पडता है। नाला या नहर खुदवाने से साँप जैसे रेंगते हुए जानवर बाड़े में प्रवेश नही कर सकते। बकरियों की संख्या ज्यादा हो तो, मेमने, दूध देनेवाली बकरियाँ, गाभिन बकरियाँ प्रजननक्षम नर बकरे, नवप्रसव बकरियाँ इन सबकी अलग–अलग व्यवस्था करनी चाहिए। बकरियों की विष्ठासे कृमि बाहर निकल आते है। इनसे बकरियों को संसर्ग होनेकी आशंका ज्यादा रहती है, इसलिए बाड़ा हमेशा साफ–सुथरा और सुखा रखने भी जरुरत होती है। बरसात के मौसम से पहले बाड़े की जमीन उखाडकर फिरसे नई बनवानी पडती है। जमीन बनाते समय मिट्टी में चुना मिलाने की जरुरत होती है। बकरियोंका खाद्यान्न, मेमने, बकरियाँ दूध, खाद इन सभीका वहन करने के लिए अच्छी पक्की सडक जरुरी होती है। गन्ने की घास, गेहूँ की घास मिलकर तैयार किया हुआ बाड़ा आठ से दस साल अच्छा रह सकता है।

स्थायी स्वरुपी बाड़ा

जिनके पास निवेश के लिए पैसा है, वह व्यावसायिक पक्के स्थायी स्वरुपी बाड़े की निर्मिती करते है। पत्थर, ईट से बाड़े का निर्माण कर उसके उपर चद्दरे डालकर छत तैयार कर सकते है। इस जगह भुसौरा, खत्ते की जगह होना बहुत जरुरी है। वैसेभी जलसंचय करके बकरियों को पर्याप्त पानी मिलने के लिए स्वयंचलित सुविधा होनी चाहिए। बकरियों को आधुनिक सुविधा मुहैय्या कर के उत्पादन वृद्धी करना आसान होता है। स्थायी बाड़े में फर्श डाली जाती है। यह, हररोज साफ करनेके लिए ज्यादा पानी लगता है। इसलिए बाड़े में जहाँ पानी पर्याप्त है, वहीं फर्श डालनी चाहिए।

बकरियों के स्वास्थ को देखे तो उनके लिए फर्श से जादा भुरभरी जमीन ही अच्छी होती है। और फर्श का बाड़ा साफसफाई के लिए रोजगार, मेहनताना देने की जरूरत रहती है। बंधक पद्धति से बकरी पालन करते समय बाड़े की रचना सबसे महत्त्वपूर्ण भूमिका निभाती है। बकरी का मल मूत्र फसल के लिए अच्छा खाद बनता है और गाभिन बकरियों की, मेमनों की, बकरे की अलगअलग व्यवस्था होनी चाहिए। यह सब देखकर ही बाड़े का निर्माण करते वक्त आकार और रचना करनी चाहिए। बाड़े में बकरियों की भीडभाड नही होनी चाहिए। उनकी संख्या में कितनी वृद्धी हो सकती है, इसका ध्यान रखकर बाड़े की निर्मिती करनी चाहिए।

बकरियों का चयन

बकरियों का चयन और व्यवस्थापन

बकरी पालन व्यवसाय का प्रारंभ करते वक्त ही अच्छी प्रजाति की बकरियों का चयन करना चाहिए। और इस क्षेत्र में सफलता पाने के लिए बकरियों का चयन यह मुद्दा सबसे महत्त्वपूर्ण भूमिका निभाता है। दूध उत्पादन के लिए बकरियाँ पालना है या मांस उत्पादन के लिए, इसपर बकरियों का चयन करना पड़ता है। इस विषय में जानकारी रखनेवाले लोगों की मदत लेनी चाहिए।

बकरियों का चयन करते समय निम्न सावधानी बरतनी पडती है:-

बकरी की मूल जाति, मूल विशेषताएँ, आकार, रंग, शारीरिक वृद्धी, नर या मादी, आकर्षकता, चमडी का दर्जा इन सब बातों को ध्यान में रखना पडता है। इसके साथ ही बकरी का सर, भाल प्रदेश की रचना, सिंग का आकर्षक होना, पतली गर्दन, सामनेवाले पैर सीधे और चौडे, उसके बीच की हड्डी की वृद्धी इन सब बातों को ध्यान से देखना, परखना पडता है। बकरी के प्रजोत्पादन इंद्रियों की और थान की वृद्धी पूरी तरहसे होनी चाहिए।

मांस उत्पादन के लिए बकरियोंका चयन

विगत दिनों में इससे ज्यादा तो मांस उत्पादन के लिए बकरी पालन व्यवसाय किया जाता है। भारत में बकरियों की २४ जाति प्रख्यात है, उसमें से कुछ दूध के लिए तो कुछ खास तौर पर मांस उत्पादन के लिए प्रख्यात है। मांस के लिए बकरी का चयन करते समय स्थानिक हवामान, तापमान का ध्यान रखना बहुतही जरुरी है। उस्मानाबादी, बीटल, बारबरी और बंगाली प्रजातिकी बकरी नर और मादी का चयन करना भी महत्त्वपूर्ण बात होती है। इसलिए निम्न सावधानी बरतनी पडती है।

सशक्त, सक्षम मेमनों का चयन

जिस नवजात मेमने का कुल भार ज्यादा रहता है, ऐसे मेमने ही मांस उत्पादन के लिए चयनित करने चाहिए। बकरी का वृद्धी दर और पहले बार उन्माद में आनेकी उमर-अवस्था, जुड़वा मेमने देने का अनुपात, दो प्रसवकाल का अंतराल यह सब बाते देखनी

पडती है। क्योंकि यह सब गुणधर्म मेमनों को वंशपरंपरा से मिलते है।

जुड़वा मेमनों में से चयन

मेमनों में जुड़वा बच्चे पैदा करने का अंश माँ या बाप बकरी से आता है। इसलिए जिस बकरी को ज्यादा से ज्यादा जुडवा मेमने हो गये है, उसी में से मेमने को प्रजनन के लिए चुनना अच्छा होता है।

नियमित प्रसव होनेवाली बकरी से चयन

बकरियों का पाँच महिने का गर्भकाल होता है। एक बार बकरी ने प्रसव कर मेमना दिया, तो उसके बाद एक से डेढ महिने में फिरसे वह उन्माद में आ जाती है। इसलिए डेढ साल में दो बार बकरी प्रसव हो सकती है। इस पद्धति से नियमित प्रसव होनेवाली बकरी के मेमने को ही प्रजनन के लिए चयन करना चाहिए। तो मेमने भी नियमित रुप से प्रसव होते है और दीर्घकाल तक और मेमने पैदा कर सकते है।

निरोगी, स्वस्थ और अव्यंग बकरीका चयन

मांस उत्पादनके लिए वंशानुगत आधारपर बकरी का चयन करते समय वह पूर्णतः निरोगी, स्वस्थ और अव्यंग होनी चाहिए। पैदास करने के लिए चयन किया हुआ नर या मादी चपल और आकर्षक होने चाहिए। उनमें कोई रोग हो तो उसका संक्रमण आगे की पिढीमें हो जाता है।

नियमित रूप से प्रजनन

बकरी का उन्माद पर आना ज्यादा तर बाहर की और पास-पडोस की परिस्थिती पर निर्भर होता है। भारतीय जाति की बकरियाँ साल में दो ऋतुओं में उन्माद पर आती है। जून-जुलाई माह में बकरियों में उन्माद बढ़ता है। उन्माद का काल ३० से ३६ घंटेका होता है।

इस काल में बाह्य लक्षणों के आधार पर उनकी अवस्था पहचानी जा सकती है। इस वक्त प्रजनन करने के लिए जिस नर बकरे का चयन किया है उसे उपयोग में लाना चाहिए। इससे गर्भधारणा नही हुई, तो २१ दिन उन्माद आने के लिए राह देखनी पडती है। ज्यादा से ज्यादा मेमनों का उत्पादन, पैदास करनेके लिए उन्माद पर आनेवाली बकरियों को उसी काल में भर देने के सावधानी बरतनी पडती है।

आधुनिक तंत्रज्ञान का प्रयोग

बकरियों की उत्पाद क्षमता में वृद्धी करने के लिए आजकल आधुनिक तंत्रज्ञान का प्रयोग बड़े पैमाने पर किया जाता है। इसकी सभी जानकारी पशू चिकित्सालय में उपलब्ध होती है।

कृत्रिम प्रजनन

अच्छी और सकस जाति की पैदास करने के लिए सक्षम नर बकरे की जरुरत होती है और इनका अभाव भी होता है। इस समस्यापर एक समाधान निकाला है। नैसर्गिक पद्धति से बकरी को भरने के बजाय कृत्रिम पद्धति से प्रजनन किया जाता है। इस पद्धति में उच्च गुणवत्ता के नर बकरे का ज्यादा से ज्यादा उपयोग किया जाता है। विविध प्रांतमें बकरियाँ उन्माद पर आने के बाद नर बकरे का प्रयोगशाला में जतन किया वीर्य के माध्यम से उनका तुरंत भर देते है। इस पद्धतिसे झुंड में पैदावार के लिए नर बकरा रखने का खर्चा कम हो जाता है। बकरी पालन व्यवसाय मांस उत्पादन के लिए मुख्यत: किया जाता है। इसलिए अच्छी वजनी, मांसल और तजेलदार बकरियों की निर्मिती करना जरुरी होता है। इसलिए एक ही एक बकरे का प्रजनन के लिए उपयोग करना योग्य नही माना जाता। नये मेमने में दोष निर्माण हो सकते है। कृत्रिम प्रजनन से विदेशी प्रजाति के जातिवंत नर के माध्यम से सर्वोत्कृष्ट जाति की बकरियों की निर्मिती कर के उत्पादन वृद्धी हो सकती है।

संकर करना

ज्यादा मांस देनेवाली बकरियों का संकर किया तो आगे की पिढी के मेमनों से ज्यादा उत्पादन मिल सकता है। कृत्रिम प्रजनन पद्धति से अथवा नैसर्गिक पद्धति से भी संकर कर सकते है। इसके लिए ज्यादा तर उस्मानाबादी बकरियों का संकर बीटल से या बंगाली जाति से करना अच्छा रहता है। अत्याधुनिक पद्धति से 'बोअर' जाति का संकर कर दिया तो बकरियों के उत्पादन में बढ़ोतरी होने में मदतगार साबित होता है।

भ्रूण प्रत्यारोपण

यह अत्याधुनिक तंत्रज्ञान है। इस पद्धति का उपयोग उच्च कोटी की जाति का रक्षण और संवर्धन के लिए किया जाता है। इस पद्धति में उच्च प्रति के मादी के गर्भ का विभाजन कर के अनेक गर्भ की निर्मिती की जाती है। इससे एक साथ आठ से दस मेमनों की पैदास होती है। यह एक बहुत ही खर्चिला और तंत्रज्ञान कौशल अत्यावश्यक होने वाली पद्धति है।

बकरियों को एक साथ उन्माद पर लाना (Synerch ronization)

झुंड में बहुत सारी बकरियाँ प्रजनन के अलग अलग अवस्था में होती है। इन सबका एक साथ व्यवस्थापन करना और पालन, संगोपन करना, कठीन कार्य बन जाता है। यह मुष्कील टालने के लिए झुंड में ज्यादा से ज्यादा बकरियाँ एक साथ उन्माद पर लाने के लिए नये नये तंत्रज्ञान का उपयोग किया जाता है। बकरी पालक के कार्य का बोझ कम करने के उद्देश से ऐसा किया जाता है। लेकिन इसके लिए खर्चा अधिक होता है। बड़े पैमाने पर बकरी पालने का व्यवसाय जो 'उद्योजक' करते है, उन्हें यह खर्च करना भारी नही लगता। वही आधुनिक तंत्रज्ञान पर खर्चा कर के झुंड के ज्यादा से ज्यादा बकरियों को एक साथ उन्माद पर लाते है। बाजार में कौन से ऋतु में मांस को ज्यादा माँग है, इसका अभ्यास पूर्क कर नियोजन बकरियों को उन्माद पर लाकर भर दिया जाता है। और मेमनों का उत्पादन किया जाता है। इससे ज्यादा आमदानी होती है।

स्थानिक बकरियों का संगोपन

संकर करने के बजाय स्थानिक जाति की बकरियों का संवर्धन करने पर बल दिया जाता है। इससे स्थानिक जाति जीवित रहने के लिए मदत मिलती है। इसी में उच्च प्रति की बकरी और नर बकर`का संवर्धन करने के लिए उनका प्रजनन शुरू रखना जरुरी है।

बकरी पालन व्यवसाय में बरतने योग्य सावधानी

१. नवजात मेमनों को जितना जल्दी हो सके, उतना जल्दी कच्चा दूध ज्यादा से ज्यादा पिलाना चाहिए।

२. बढ़ते मेमनों का नियमित तौर पर वजन नापना चाहिए।

३. जुड़वा या उससे ज्यादा मेमनों को जनम दिया हो तो उनकी विशेष देखभाल करनी चाहिए। वह कुपोषित ना हो। पौष्टिक आहार देकर संभाव्य प्रजनन के लिए उनका ही चयन करना चाहिए।

४. नवजात मेमनों का संगोपन करते वक्त, मादी की आयु एक साल और नर की एक से दो साल की होनी चाहिए।

५. पैदास करने के लिए नर रखने के बाद अन्य नर बकरों की बिक्री करनी चाहिए या उनको बधिया देना चाहिए।

६. पैदास/प्रजनन के लिए प्रयोग में लानेवाला नर हर तीन साल में बदलने की जरूरत होती है।

७. नि:शक्त, दुर्बल, निकृष्ट और उन्माद पर न आनेवाली बकरियों को झुंडसे निकाल देना चाहिए।

८. हर साल झुंड में से सामान्यत: २० प्रतिशत बकरियाँ निकालकर उनकी जगह नई बकरियाँ लानी चाहिए।

९. बकरियों को नियमित रुप से अलग अलग रोगों की प्रतिबंधात्मक टीके लगाने चाहिए और कृमिनाशक दवाईयाँ नियमित रुप से पिलानी चाहिए।

१०. बकरियों का बाड़ा साफ–सुथरा और सुखा, निर्जंतुक रखना बहुत ही आवश्यक है। बाड़ा हवादार होना चाहिए।

११. बाड़े में क्षार की ईटे रखनी चाहिए। बाजार में विशेष चुना मिलता है, यह उन्हें खाद में से मिलाकर देने से बकरियों को आवश्यक कॅल्शियम मिल जाता है और क्षार मिश्र का खर्चा भी नियंत्रित कर सकते है।

टालने की जरुरी बाते (यह बाते नहीं करनी है।)

१. बाड़े में मेमनों को उनके माँ के पास बार बार बाड़े में मुक्त छोड़ना।

२. बकरी अथवा मेमने के नाक में तेल डालना।

३. कोई भी प्रजाति का नर प्रजनन के लिए उपयोग में लाना।

४. छोटे मेमनों को आवश्यकता से ज्यादा हरी घास देना।

५. उन्माद में आनेवाले नर बकरोंको बाड़े में मुक्त छोड़ना।

पैदास के लिए बकरे (नर) का चयन और संगोपन

बकरी पालन व्यवसाय में पैदावार के लिए उपयोग में लानेवाले नर बकरे के चयन को सबसे महत्त्व है। बकरियों का अधिक वजन, भार, उनकी शारीरिक वृद्धी, प्रजननक्षम बनने का काल, प्रजननक्षमता, दो प्रसव का अंतराल, मांस का दर्जा इसे तरके अनेक मुद्दों का विचार इसपर होता है। इसलिए पैदावार योग्य नर का चयन सावधानीपूर्वक करना होता है। इसमें दो पर्याय है एक तो छोटे नर मेमनों का चयन कर के उन्हें पैदावार करने के योग्य दृष्टी से संगोपन करना और दुसरा मार्ग है, संपूर्णत: वयस्क, प्रौढ नर बकरा बाजार से लाना।

छोटे मेमने से नर का चयन

ज्यादा किसानों के पास अपने बकरियों के झुंड होते हैं। वह इस झुंड से उच्च प्रजाति का शिशू नर पैदावार के लिए चयन कर सकते है। लेकिन इस नर की मादी भी ऐसेही उच्च स्तरीय विशेषता से भरपूर होनी चाहिए, क्योंकि, अगली पिढी में यही विशेषता आती रहती है। वंशानुगत व्यंग्य अथवा कुछ दोष हो, तो ऐसे नर का उपयोग पैदावारी के लिए करना व्यर्थ होता है। नर के अवगुण, व्यंग्य अगले पिढी में संक्रमित होने का धोका होता है। सशक्त, स्वस्थ, संपूर्ण दोषरहित, चंचल और शरीर का अच्छा विकास होनेवाले नर का चयन करना चाहिए।

जुड़वा नर-मादी को अग्रक्रम

नर के अंडकोष में दो अंडग्रंथी है या नही, यह देखना जरुरी होता है। एक ही प्रसव में दो अथवा तीन मेमनों को जनम देने की क्षमता कुछ बकरियों में होती है। इस बकरियों की वजह से व्यवसाय में लाभ ज्यादा होता है। इसलिए जुडवा अथवा उससे ज्यादा मेमने को जनम देनेवाले नर और मादा पैदावार के लिए उपयुक्त होते है। लेकिन, अपनेही झुंड मे से नर को बार बार पैदावार के लिए प्रयोग किया तो, स्व वर्गीय प्रजनन द्वारा बकरियों में कुछ

दोष उत्पन्न हो सकते है और उत्पादकता में घाटा हो सकता है। यह टालने के लिए कुछ नर मेमनों को बीच बीच में बाहर के झुंड से ढूंढकर लाना जरुरी है। उम्र से छोटे नर का चयन पैदावार के लिए करते वक्त जरुरत से ज्यादा नर झुंड में रखने की आवश्यकता होती है। अपघात, रोगग्रस्त होना, या और किसी संकट काल में आपदग्रस्त परिस्थिती निर्माण हो गई तो एकसे ज्यादा नर झुंड में रहना जरुरी है। और अतिरिक्त नर बाद में सुयोग्य समय पर मांसाहार के लिए अथवा पैदावार के लिए दुसरों को बेच भी सकते है।

पैदावार के लिए बड़े नर का चयन

बकरी पालन व्यवसाय में पूरे झुंड का अर्थशास्त्र पैदावार के लिए प्रयोग में लानेवाले नर की गुणवत्ता, दर्जा, प्रत इसपर निर्भर होता है। कम समय में मेमनों की वृद्धी, उनकी चंचलता, शारीरिक सक्षमता यह सब गुण नर बकरे से मेमनें में संक्रमित होते है। इसलिए पैदावार के लिए बड़े–प्रौढ नर का चयन करते समय उसकी उच्च काटी के नस्ल की हमी होनी चाहिए।

शरीर प्रकृति सुदृढ होनी चाहिए

छोटे मेमनों में से पैदावार के लिए नर का चयन किया तो, उसके गुण और लक्षणों से उसका दर्जा, प्रतवारी, मालूम होती है। परंतु प्रौढ नर का चयन करते समय वंशानुगत गुणों के साथ उसकी शरीर प्रकृति, स्वास्थ कैसा है, यह देखना जरुरी होता है। उसकी तबियत अच्छी ना होने से उसी से जनम लेनेवाले मेमनों कि वृद्धी अपेक्षानुरुप या अच्छी नही होती। इसलिए प्रौढ नर की पूरी जानकारी लेने के बाद ही उसका चयन करना चाहिए। उसके अंडकोश में दो अंडग्रंथी होना जरुरी है। मांस, दूध और ऊन कमाई के उद्देश से बकरी पालन व्यवसाय करनेवालो नें अपने उद्देश की पूर्ती करने की क्षमता नर में है, या नही, यह देखना जरुरी है। वह शरीर से तंदुरुस्त है या नही, उसे कोई रोग तो नही, उसका वजन–भार अच्छा है, उसमें चंचलता है, और जुड़वा मेमने पैदा करने की क्षमता है, उसकी हड्डीयाँ मजबूत है, यह सब देखनेकी आवश्यकता होती है। पैदावार के लिए प्रौढ नर बकरा खरीदते समय वंश और उत्पादन क्षमता की जानकारी लेना बहुत आवश्यक है।

सदोष प्रजनन टालना

प्रौढ नर खरीदते समय उसके बदन पर, चमड़ी पर सूजन और गाँठ नही है, ऐसा बारिकी से देखना चाहिए। उसके कोई रोग नही हुआ है, यह भी देखना चाहिए। कुछ पुराने रोग बाद में फिर से निकल आते, और त्रासदी बनते है। इसका दुष्परिणाम प्रजनन क्षमता पर

हो जाता है। कई बार गर्भपात कृमि का प्रादुर्भाव होता है। बड़े नर से ऐसा नुकसान होने की आशंका रहती है। और ऐसे रोग का प्रादुर्भाव बकरियों के साथ साथ आदमी को हो सकता है। इसलिए प्रौढ़ नर का चयन करते समय उसे वंशानुगत कोई रोग नही है, यह देखना बहुत जरुरी होता है। रुग्ण नर का चयन किया गया तो झुंड में सदोष प्रजनन हो जाता है और सदोष मेमने जनम लेते है।

नर के लिए पोषण आहार

खास पैदावार के लिए जो नर प्रयोग में लाते है, उन्हें अच्छा पोषण आहार देना आवश्यक है। उनके हर रोज के आहार में क्षारों की चूर्ण बुकनी डालने की जरुरत होती है। गीला और सुखा चारा भी अच्छे दर्जे का होना चाहिए। इससे उन्हें पोषण मूल्य मिलने में मदद होती है। पैदावार से पहले दो हफ्ती नर बकरे को अंकुरित मोट खाने में देना जरुरत है। और प्रजनन का प्रतिशत बढ़ाने के लिए हररोज एक अंडा देना लाभदायक होता है। एकही दिन में एक से ज्यादा बकरियाँ उन्माद पर आनेवाली हो तो एक ही नर बकरे का प्रयोग नही करना चाहिए। आरक्षित रखे हुए बकरे का प्रयोग भी करना जरुरी होता है। बकरियाँ उन्माद में नही होती, तब भी नर बकरे उन्हें सताते रहते है। इसका परिणाम नर के प्रजनन क्षमतापर हो सकता है। इसलिए नर बकरे की स्वतंत्र व्यवस्था कर के उन्हें पोषाहार दिया जाना चाहिए।

नर बकरे की उम्र दो साल होनी चाहिए

पैदावार के लिए चयन किए हुआ नर बकरे की व्यवस्था अच्छी रखी तो उसकी वृद्धी जल्दी होती है। कोई किसान नर बकरा एक साल का हो जाने के बाद तुरंत उसका प्रयोग पैदावार के लिए करते है। लेकिन छोटे उम्रसे पैदावार करने के लिए प्रयोग किया गया, तो भविष्य में उनकी प्रजननक्षमता कम हो जाती है। इसलिए पैदावार के लिए दो से पाँच बरस के नर का प्रयोग करना बेहतर होता है। इससे आनेवाले मेमने भी अच्छे पैदा होते है।

बकरियों का प्रजनन

भारत में प्रचलित तापमान की वजह से पूरे सालभर में बकरियाँ उन्माद पर आ सकती है और गाभिन रह सकती है। कुछ कुछ अपवादात्मक स्थिती में ही कुछ बकरियाँ उन्मादपर आकर भी गाभिन नही हो पाती। लेकिन इक्कीस दिनों के बाद वह फिर से उन्माद पर आती है। कुछ बकरियों का ऋतुचक्र लंबा होता है। उन्माद पर आने के बाद उन्हें तुरंत भर नही दिया गय तो वे अक्षम हो जाती है, अर्थात प्रजनन सक्षम नही रहती। आम तौर पर बकरियों का गाभिन समय पाँच माह का होता है। इस कार्यकाल में मेमनों की अच्छी वृद्धी होती है। कुछ कुछ परिस्थिती में नियोजित काल से पूर्व (अकाल) प्रसूत होने से मेमनें दुर्बल रहते है। उनकी वृद्धी नही होती। इसलिए गाभिन काल में बकरियों की परवरिश अच्छी करनी चाहिए।

जब बकरियों का प्रजनन सक्षमकाल चल रहा होता है, तब उनको अच्छा पोषण आहार देना जरुरी है। अच्छा खुराक देने से प्रसव के समय उनकी शक्ती जो नष्ट हुई है, वह वापस आने में मदद मिलती है। नये प्रसव के लिए बकरियाँ फिर से दृष्ट–पुष्ट होनी चाहिए। प्रजननकाल नही होता, और बकरियों को पौष्टिक खाना नही मिलता तो उनके थान की दूध उत्पादक पेशियाँ और गर्भाशय की पेशियों का ऱ्हास हो जाता है। और यह ताकद फिर से नही आती। ऐसी कमजोर बकरियाँ जल्दी उन्मादपर नही आती और आये तो भी गाभिन नही रहती। उनमें उतनी शक्ती रहती नही। कमजोर बकरियों में से बहुत कम गाभिन हो जाती है। बकरियों का प्रजनन अक्षमता काल बढ़ जाता है और बकरी पालक को नुकसान सहना पडता है। गाभिन रहकर भी बच्चा ना टिकने की शिकायत बार बार हो रही, तो पशु चिकित्सक से तुरंत उपचार करने की जरुरत होती है। और उपचार का उपयोग नही हुआ, तो ऐसी बकरियाँ बेचना अच्छा होता है। उनके स्थानपर अच्छी, निरोगी और अच्छे नस्ल की बकरियाँ पालनी चाहिए।

गर्भपात होने की बीमारी जिन बकरियों को होती है, उनसे यह बीमारी पैदावार के लिए प्रयोग में ले जानेवाले नर बकरे को भी हो सकती है। और बाद में उससे यह बिमारी झुंड में और बकरीयों को भी हो सकती है। इस बीमारी का फैलाव नर बकरे से भी होता है। यह

ध्यान में रखकर बीमार बकरी को झुंड से अलग निकालना चाहिए। गर्भपात से होनेवाली गंदगी, कुडा, सब बाड़े से दूर ले जाकर एक गहरा गड्डा कर के उस में गाड़ना चाहिए। बाड़े का परिसर साफ–सुथरा और निर्जंतुक करना चाहिए।

बकरियाँ भरने से पहले सावधानी बरतनी चाहिए

एक साथ अनेक बकरियों को उन्माद पर लाकर उनको एक साथ भरते समय बहुत ही सावधानी बरतने की जरुरत होती है। उनके पोषण आहार पर ध्यान देना पडता है। बकरी भरने से पूर्व एक से दो माह तक उनके खाद्यान्न और हरी घास कम कर के उनमें तनाव पैदा करना जरुरी होता है। इस काल में उन्हें आहार में सुखा चारा ज्यादा देना अच्छा रहता है। अपने देश में यह स्थिती गर्मी के मौसम में होती है। गर्मी के आखरी दिन बकरियों को ज्यादा और अच्छा पोषाहार मिल जाए, तो उनको अच्छे पर्याप्त अन्नद्रव्य मिल जाते है। इस से उन के गर्भाशय की स्थिती सुधर जाती है और एक साथ एक से ज्यादा स्त्री बीज का निर्माण हो जाता है। और इससे फल धरने में और वृद्धी में मदद मिलती है। इससे जुड़वा या उससे ज्यादा मेमने जनम देने का अनुपात बढ़ता है। लेकिन बकरियों को पुरे सालभर अच्छा खुराक, पोषण आहार देने से और उच्च दर्जे का गिला चारा नियमित रूप से देने से सब बकरियाँ जुड़वा मेमने देती है, ऐसा बिलकूल नही है। इसलिए झुंड में जिन बकरियों का जुड़वा या उससे ज्यादा मेमने देने का अनुपात कम है। उनमें ही थोड़े दिन तनाव पैदा करना अच्छा होता है। बकरी पालकने पूरे ध्यान से यह प्रयोग करने की आवश्यकता है।

मादा का प्रजनन चक्र

शरीर की पूर्ण वृद्धी – पहला उन्माद आना – उन्माद का मर्यादित चक्र – गर्भावस्था – प्रसूति – थोडे काल के लिए लैंगिक आराम – और आराम के बाद फिर से उन्मादपर आने की शुरुवात।

इस चक्र के हिसाब से मादी मेमनें का रुपांतरण बकरी में होता है। पोषाहार और रोग नियंत्रण इनका अच्छी तरहसे नियोजन किया, तो एक ही मादा बकरी से ज्यादा से ज्यादा प्रसव से अनेक मेमनें मिल जाते है।

नर बकरे का प्रजनन चक्र

शरीर की पूर्ण वृद्धी – शुक्राणु की निर्मिती – लैंगिक वर्तन से उन्माद पर आने का समय समझ जाता है – प्रजनक अवस्था – प्रजनन क्रिया में आनेवाली शिथिलता।

पैदावार के लिए चयन किये हुए नर बकर में इस तरह का प्रजनन चक्र होता है। नर की नस्ल अच्छी, दर्जेदार होनी चाहिए। इसकी देखभाल अच्छी तरह की गई तो उससे अनेक बकरियाँ अच्छे मेमने पैदा कर सकती है। नैसर्गिक प्रजनन पद्धती से पैदावार के लिए नर की संख्या निश्चित करते समय पशुचिकित्सक की सलाह जरुर लेनी चाहिए।

बकरियों का उन्माद पर आना

बकरियाँ जब तक उन्माद पर नही आती, तब तक उन में गर्भधारणा नही होती। इसलिए मादा और नर का प्रजनन चक्र, बकरियों का उन्माद यह सब अचूकता से जानना जरुरी है। प्रजननक्षम बकरियाँ उन्माद पर आती है। उम्र बढ़ते बढ़ते बकरियों की प्रजननक्षमता अपने आप कम हो जाती है। और वह उन्माद पर आना बंद हो जाता है। अपेक्षा के हिसाब से बकरी का उन्माद पर आना इसका मतलब है, उसका पोषण आहार और व्यवस्थापन, स्वास्थ्य अच्छा है। समय से उन्माद पर ना आती बकरियों के बारे में पशु चिकित्सक से परामर्श लेना चाहिए।

उन्माद पर आनेवाली बकरियों की विशेषता

आम तौर पर बकरियाँ २१ दिनों उन्माद पर आती है। उनका उन्माद का काल ३० से ३६ घंटों का होता है। और इसी काल में उनको भरना बहुत जरुरी होता है, नही तो फिर से उन्मादपर आने के लिए २१ दिन राह देखनी पडती है। बकरियाँ उन्माद पर आती है, तो उनके बर्ताव में, व्यवहार में अंतर दिखाई देता है। उनमें दिखाई देनेवाले आसार यहाँ दिए है:

- यह बकरियाँ झुंड से अलग–थलग रहने का प्रयास करती है।
- एक ही अलग लहजे से चिखती रहती है।
- पूँछ बार बार हिलाती रहती है।
- खाने–पीनेपर उनका ध्यान नहीं रहता।
- बेचैन, अस्वस्थ हो के बार–बार मल–मूत्र विसर्जित करती है।

उन्माद पर आनेवाली बकरी को पहचानने के लिए नर बकरी की मदद हो सकती है। इसलिए नर बकरे को हररोज सुबह और शाम झुंड से घुमाना पडता है। उन्माद पर आनेवाली बकरियों की संख्या ज्यादा हो और बकरे को भी झुंड मेंसे घुमाया नही तो, उन्माद बेकार जा सकता है और इसका अपने उत्पन्न, नफा–लाभपर दुष्परिणाम हो सकता है। बकरी उन्मादपर है, यह पक्का समझ में आ गया, तो उसको नैसर्गिक तरीके से अथवा कृत्रिम प्रजनक से भरने की जरुरत होती है। बहुतांश बकरी पालन प्रकल्प में पैदावार के लिए उँचे नस्ल के नर का पालन किया जाता है। और उनके मार्फत नैसर्गिक पद्धति से बकरियों को भरा जाता है। यह पद्धति से लागत कम लगती है। खर्च ज्यादा नही होता। लेकिन कृत्रिम तरीकेसे प्रजनन करनेके लिये ज्यादा खर्चा करना पडता है। और आधुनिक तंत्रज्ञान की आवश्यकता भी होती है। लेकिन तंत्रज्ञान के उपयोग से शाश्वत उत्पन्न वृद्धी हो सकती है।

बकरियों के प्रजनन में आनेवाली बाधाएँ

बकरी पालन व्यवसाय में अच्छी आमदनी के लिए बकरी और नर बकरे का प्रजनन चक्र सुलभ तरीके से चलना बहुत ही जरुरी है। प्रजनन में कुछ भी अवरोध निर्माण होने से और बाधाएँ उत्पन्न होने से बकरी के प्रसव की संख्या घट जाती है। और बकरी से मिलनेवाले मेमनों की संख्या कम हो जाती है। इससे आमदनी में घट होती है। बकरियों का बाँझपन होना इन सब के सब से प्रमुख बाधा है। बकरी उन्माद पर ना आना, और आयी तो भी प्रजनन निष्क्रिय, नाकाम बनना, इससे भी बकरी में बाँझपन होने की संभावना ज्यादा होती है। ऐसे बकरियों की पशु चिकित्सक से चिकित्सा करने की, आवश्यक उपचार, दवाई करने की जरुरत होती है। और औषधोपचार के बाद भी बकरी मेमना देने में असमर्थ रही, तो उसे झुंड से निकालना चाहिए। कम भार, अस्वस्थ, बाह्य कृमि का संसर्ग और अंदर से संसर्ग का प्रादुर्भाव, क्षारों का अभाव, खाद्यान्न की कमी, व्यवस्थापनपर दुर्लक्ष; और कुछ अवरोध उत्पन्न होने से बकरियाँ उन्मादपर आती नही।

गर्भपात

गाभिन बकरी की ठिक तरह से दक्षता न लेना, या उसका कोई अपघात हो गया, तो बकरी का गर्भपात हो सकता है। गर्भपात की वजह से गर्भाशय में अंश रहना, गर्भाशय दाह होना और आगे चलकर बाँझपन आना, यह घटीत हो सकता है। किसी रोग के प्रादुर्भाव से बकरी का गर्भपात हुआ तो नही, यह सबसे पहले देखने की जरुरत होती है। झुंड में से एक से ज्यादा बकरियों का गर्भपात हो जाए, तो पशुचिकित्सक से परामर्श त्वरित लेना चाहिए। गर्भपात का कारण निश्चित होने तक वह बकरियों को झुंड से अलग रखना चाहिए, अन्यथा संसर्ग द्वारा और बकरियाँ भी रोगग्रस्त बन सकती है। गर्भपात हो जाए, तो गर्भजल, गर्भ, इनका सबका प्रयोगशालासे जाँच करवानी चाहिए, तोही गर्भपात का कारण जान सकते है।

गर्भाशयदाह

बकरियों को प्रसुति केसमय गर्भाशय दाह हो सकता है और संसर्ग से फैल सकता है। गर्भाशय दाह हो जाए तो बकरी को बुखार चढ जाता है। उनके थान में दाह होता है। इस रोग पर तुरंत उपचार नही किए तो बकरियों की मृत्यु हो सकती है। इसलिए प्रसुति काल में बकरी की सावधानी से दक्षता लेनी चाहिए। साफ सफाई का ध्यान अच्छी तरह रखना पड़ता है। प्रसुति के बाद पशुचिकित्सक से परामर्श लेकर प्रतिबंधात्मक दवाई नियमित देना आवश्यक है।

गाभिन बकरी का ध्यान रखना

गाभिन बकरियों की प्रसूति होने तक उनपर विशेष ध्यान देना पडता है और सावधानी बरतनी पडती है। बकरियों का पालन मुक्त संचार से किया हो या बाँधकर किया हो, गाभिन काल में उनका संगोपन सावधानीपूर्वक करना पड़ता है, और हम उनका कितना अच्छा रखरखाव करते है, उसपर ही इस व्यवसाय की प्रगति निर्भर होती है।

अच्छे पोषणमूल्य के खाद्य की आवश्यकता

गाभिन बकरी के गर्भ में पल रहे मेमने की वृद्धी आखरी ६ से ८ सप्ताह में जल्द होती है। गर्भ की वृद्धी अच्छी होनी चाहिए और बकरी को प्रसव की पीडा सहने की ताकद मिलनी चाहिए, इसलिए उसे ज्यादा पोषाहार देने की जरुरत होती है। इस काल में गाभिन बकरी के आहार में अचानक परिवर्तन नही करना चाहिए और पोषण आहार धीरे धीरे बढ़ाना चाहिए। उसे ताजा और साफ पानी पीनेके लिए देना चाहिए। अच्छा क्षार मिलने के लिए बाडे में क्षारों की ईटे बाँधकर रखनी चाहिए। बकरियाँ अपनी जरुरत के हिसाब से उन ईटों का प्रयोग करती है। गाभिन बकरियों की सुरक्षा ध्यानमें रखकर बाड़े में भीड़ नही होनी चाहिए और बकरियोंकी हाथापाई ना हो, इसकी सावधानी रखनी चाहिए । गाभिन बकरियाँ खुली जगह में घुमते वक्त ज्यादा ऊँचाई पर न जाए और कट्हरा या उपर से ना गिरे, इसका भी ध्यान रखना पडता है। गाभिन बकरियाँ ज्यादा भागादौडी ना करे, इसका भी खयाल रखना पडता है।

दूध देनेपर नियंत्रण

गाभिन बकरियों का प्रसूति समय आने के दिनों में उन्हें अलग और एकदम साफ जगहमें रखना चाहिए। यह जगह, बाड़ा, गरम होना चाहिए। और वही जगह में घाँस–चारे की, पानी की व्यवस्था होनी चाहिए। गाभिन बकरियों को नियमित रुपसे चलने का, हल्का सा व्यायाम देने की जरुरत होती है, इसलिए सुबह, शाम उन्हें खुले मैदान में थोडी देर तक छोड़ना

चाहिए। बकरी के पेट में एकसे ज्यादा मेमने हो तो उनका शरीर बहुत भारी हो जाता है। और इस स्थिती में वह एक जगह बैठी रहती है, तो मेमनों को जनम देते वक्त उनको बहुत ज्यादा तकलीफ सेहनी पडती है। यह तकलीफ कम करने के लिए गाभिन बकरियों को रोज थोडा थोडा चलाने की घुमाने की, आवश्यकता होती है। गाभिन बकरी दूध देनेवाली होती है तो प्रसव काल पुरा होनेसे पहले ४ से ६ सप्ताह उसका दूध बंद होनेके उपाय करने चाहिए। उनका दूध निकालने का समय अनियमित करना अथवा थोडा कमही दूध निकालना और कभी कभार दूध ना निकालने से नही उसका दूध आना अपनेआप कम हो जाता है।

पाँच महिनों के बाद प्रसूति

बकरियाँ भरने के बाद पाँच माह के बाद प्रसूत हो जाती है। उनका प्रसव काल जैसे जैसे पास आ जाता है, वैसे उनके पेट की दाहिनी बाजू फूल जाती है और बीच बीचमें मेमने की हलचल समझमें आ जाती है। बकरियों की देखभाल करनेवाले आदमी को यह जानकारी आवश्यक है। बकरियों की देखभाल करने के लिए जगह साफ-सुथरी और नीचे घास-फूस डालकर ऊबदार करनी चाहिए। पहली बार गाभिन बकरी प्रसूति के वक्त बहुत ज्यादा अस्वस्थ होकर हलचल करती रहती है। और इसके परिणाम खरुप गर्भ अंदर अडा रहु की आशंका निर्माण होती है। इसलिए पहिली बार गाभिन रहनेवाली बकरीकी ज्यादा सावधानी बरतनी पडती है। प्रसूति के समय बकरी को मोटे ड़ोर से बाँधने की जरुरत बिलकुल नही होती - उल्टा उन्हें खुला छोड़ना जरुरी है।

कठिन काल

प्रसवके पहिले दो से तीन घंटे बकरी बहुत बेचैन हो जाती है। उसके आसपास कोई भी आए तो ड़र कर बेचैन अस्वस्थ हो जाती है। उसका थान बहुत कठोर, रुद्ध हो जाता है और ठसाठस भर जाता है। पेट और पूँछ का भाग तन जाता है। कुछ कुछ बकरियाँ जोरजोरसे साँस लेती रहती है और हाँफने लगती है। कभी कभी पैर के नाखून से जमीन कुरेदने लगती है। बार बार उठती-बैठती रहती है इस समय अंडे की सफेद जर्दी जैसा स्त्राव बाहर आ जाता है। इसके बाद पानी जैसे पतले पतले द्रावसे भरी हुई थैली बाहर आ जाती है। उसमें मेमने के मुँह और खूर दिखाई देते है। इस थैलीको हाथसे कभी भी फाँड्ना नही चाहिए। क्योंकि इस थैली में जो पतला द्राव रहता है, उससे ही मेमने का बाहर आने का मार्ग सुकर हो जाता है। बकरी खुद ही बडे प्रयास से पंधरा मिनिट में थैली बाहर निकलती है - थैली बाहर आ जाती है। बकरी नवजात मेमनें को चाटती है और साफ करती है। दो या तीन मेमने होते तो, दुसरे और तिसरे मेमने के पिछले पाव पहले बाहर आ जाते है। पहली प्रसूतिका अपवाद देखे तो उसके

बाद के प्रसव के समय बकरी को किसी की मदद की आवश्यकता नही होती, लेकिन कभी कभार बकरी के हलचल में अनियमितता आ गई और कुछ अप्रत्याशित घटना, दुर्घटना हो गई, तोही उसके गर्भाशय में पलनेवाले मेमनोंकी नैसर्गिक अवस्था बदल जाती है, उस समय प्रसूति क्रिया बहुत त्रासदी बन जाती है, ऐसे समय में बकरी की जान जोखिम में डालना ठीक नही, यह समझकर तुरंत पशूवैद्यको मदद लेनी चाहिए।

आपात्काल में डाक्टर की मदद लेने की जरुरत

बकरी प्रसव होते समय थैली बाहर आने के बाद १५ से २० मिनटमें मेमना बाहर नही आए, तो उसे तुरंत चढाव पर मुख करके ढलान में उसका पिछवाडा आ जाए, ऐसे स्थिती में खडा करना चाहिए। थोडी देर बाद उसे फिर से समतल स्थल पर जमींपर खडा करना चाहिए। तो भी मेमना बाहर नही आया, तो किसी तजुर्बा होनेवाली, कार्यकुशल व्यक्ति से मदद लेनी चाहिए। या किसी पशुवैद्यक को बुलाना चाहिए। कभी कभी बकरी की प्रसव की क्रिया पुरी होती है लेकीन पुरहन जल्दी बाहर नही आती। एक साथ दो या तीन मेमने आपस में गुंथे जाते है और प्रसव प्रक्रिया और कठिन बनती है। कुछ लोग पुरहन को भारी वस्तू टाँग देते है, लेकीन यह गलत बात है। बकरी की प्रसूतिके बाद दो-से चार घंटे में पुरहन नही निकल गिर पडी तो, तुरंत पशुचिकित्सकसे परामर्श लेना चाहिए। जुड़वा या उससे ज्यादा मेमने होते तो एकाध मृत मेमना बकरी के पेटमें ही रहने की आशंका होती है। इसलिए बकरी के प्रसव के बाद दो से तीन घंटे में पुरहन गिरना बहुत ही जरुरी है। पुरहन गिरने में देरी हो गई तो, पशुचिकित्सका से परामर्श ले। दुसरे उपचार घर पे करना बिल्कुल गलत है। इससे पुरहन का हिस्सा बकरी गर्भाशयमें रहकर बकरी को बीमारी हो सकती है।

घास-चारे को नियोजन

दूध देनेवाली बकरियों को अच्छे और भरपूर खाद देने की जरुरत होती है, ऐसा ही घास देना चाहिए। इससे वह सुदृढ रहती है और दूधभी अच्छा देती है।

घास के प्रकार	प्रतिदिन अनुमान
हरा अथवा गिला चारा (ताजा घास, मक्का, चौलाई, सेमल, लहसून घास, बटलीम, ओट, कडवल)	३ से ५ किलो
सूखा चारा	

(सुखा चारा, लहसून घास, चना अथवा तुअर का भूसा, मूँगफली का सूखा घास)	०.७ से १ किलो
खाद (तैयार)	
(धान का भुरा अथवा मिश्रधान, मूँगफली की पेंड, अथवा गोली पेंड)	०.३ से ०.५ किलो

बकरी की सफाई

बकरी के प्रसव के बाद, सबसे पहले उसके पेटसे मेमना पूरा बाहर आया है या नही, यह सावधानी से देखना चाहिए। बकरी का थान, पिछवाडे का हिस्सा, पाव, सभी शरीर पोटॅशियम परमँग्नेट डालकर गुनगने पानीसे धोना चाहिए और सुखाना भी चाहिए। बकरीको साफ-सुथरे और निर्जंतूक स्थानपर रखना चाहिए। उसे गुड और खाने का तेल, डाल, जवारकी अथवा बाजरेकी खीर (अच्छी पकी हुई) देनी चाहिए। इस पोषाहार से नवजात मेमने को पर्याप्त मात्रा में दूध मिल जाता है।

नवजात मेमनों का ध्यान रखना

नवजात मेमना निरोगी, सशक्त और तजेलदार होना चाहिए; इसलिए बकरी के गाभिन काल में विशेष ध्यान रखना पडता है। बकरी पालन व्यवसाय की सफलता, और समृद्धी नवजात मेमनों के संगोपनपर निर्भर होती है।

मेमने गर्भ में होते समय ध्यान रखना

बकरी उन्माद पर आने के बाद उसे निसर्गत: अथवा कृत्रिम प्रणालीसे भरना पडता है। इसके बाद महिना भर में वह उन्माद पर नही आई तो वह गाभिन रहने के आसार ज्यादा होते है। इस बात की पुष्टि हो जाने के बाद उसका गाभिन काल पाच माह का होता है। इस काल का नियोजन अच्छी तरहसे करना चाहिए। आरंभ के दो तीन माह गर्भ की वृद्धी धीरे धीरे होती है, तो भी बकरी को सकस, ताजा, पोषाहार देने की आवश्यकता होती है। आखरी दो माह में गर्भ में मेमने की वृद्धी बहुत तेजीसे होती है। इसलिए गाभिन बकरी दूध देनेवाली हो तो उसका दूध कम कर देना चाहिए। उसने जो भी आहार लिया है, उसमें से पोषक द्रव्ये दूध के निर्माण के लिए काम आते है, इसलिए गर्भमें पलनेवाले मेमनेको अच्छे पोषाहारके घटक नही मिल पाते। इसलिए गर्भ में पलनेवाले मेमने को अच्छे पोषण आहार के घटक नही मिल पाते, इसलिए उसका दूध लेना कम करना चाहिए। गाभिनकाल में बकरी को आखरी दो–तीन माह में बडे पैमाने पर हरी घास, और कुछ मात्रामें सुखा घास देना चाहिए। इससे हरी घास से क्षार, कॅल्शियम, और बाकी सारे पोषकद्रव्ये गर्भ में पलनेवाले मेमनों को मिल जाते है। और मेमनों की हड्डियाँ, स्नायू मजबूत होते है। बकरी को प्रसव के समय होनेवाली त्रासदी में शक्ती प्राप्त होती है, और पीड़ा सहने के लिए शक्ति मिलती है।

जनमके बाद मेमनों का ध्यान रखना

गाभिन बकरियों को रखनेवाली जगह साफ–सुथरी और सुखी होनी चाहिए। जगह पर जंतुनाशक का प्रयोग कर के जंतुरहित करना जरुरी होता है। घास डालनेसे पहले जमींपर चुने की भुकटी डालना जरुरी है। दूसरे नवजात मेमनों के शरीर में रोगजंतू का प्रवेश होकर बमारी का धोखा

नही होता। बकरियाँ नैसर्गिक तरीके से मेमनों को जनम देती है। लेकिन जुड़वा अथवा उससे ज्यादा मेमने होनेवाले हो और एखाद मेमना आडा हो गया तो और दुसरे किसी भी वजहसे मेमना बाहर आनेमें कठिनाई हो रही, तो पशुचिकित्सक से परामर्श लेना चाहिए।

बकरी के प्रसवके बाद मेमने के नथुने के अंदर का पतला पर्दा निकाल देना चाहिए। इससे उसको सांस लेना आसान हो जाता है। प्रसवके बाद बकरी मेमने को चाटती रहती है। यह क्रिया अत्यवश्यक है। मेमना साफ हो जाता है। उसके बाद मोटे कपडे से मेमने को सुखाना चाहिए। मेमनेको सुखाने से उसका सर्दीसे बचाव होता है और उसको न्यूमोनिया होनेका डर रहता नही। मेमने की नाभिनाडी या नाभिरज्जू एक से दो इंच दूरी रखकर काँटनी चाहिए। इस के लिए निर्जंतुक दवाईमें कैची डुबोकर अथवा नये ब्लेडका प्रयोग करना चाहिए। जहाँ नाभिरज्जू काँट दी है, वहाँ टिंक्चर आयोडिन लगाना जरुरी है। नाभिनाडी का सामनेवाला हिस्सा साफ धागेसे कसकर बाँधना चाहिए। मेमना जनमके बाद १५ से २० मिनिटमें धीरे-धीरे खडा रहता है और बकरी का दूध पीनेका प्रयास करता है। लेकिन मेमना कमजोर होनेसे उसकेखड़ा रहना अगर मुश्किल होता होगा तो उसे खड़े रहने में मदद कर के बकरी का दूध पिलाना चाहिए।

नवजात मेमनों को फेनूस की आवश्यकता

मेमना जनम लेने के बाद एक घंटे के अंदर बकरी से जो दूध मिलता है उसे फेनूस अथवा पेवस कहा जाता है। यह फेनूस मेमने को अति आवश्यक होता है। जनम के बाद पहले तीन-चार दिन पेवस का दूध मेमने को मिलना बहुतही जरूरी होता है। इस फेनूस से मेमने में रोगप्रतिबंधक द्रव्य मिल जाते है। पेवस में बहुत ज्यादा मात्रा में प्रथिने, जीवनसत्वे; खनिज पदार्थ होते है, इससे मेमने सशक्त और निरोगी, सुदृढ होने में मदद मिलती है बकरी को एक से ज्यादा मेमने हो गये, तो सभी को पर्याप्त मात्रामें फेनूस मिलना चाहिए, इसकी सावधानी बरतनी पडती है। कुछ कुछ बकरियाँ ज्यादा मेमनों को जनम देती है, इसलिए मेमनों को

पर्याप्त मात्रा में दूध नही मिलता, ऐसे समय गाय का दूध मेमनों को दिया तो भी चलता है।

मेमनों को बकरी से अलग रखना

नवजात मेमने चार से पाँच दिन के हो गये तो, उन्हें बकरी से अलग स्वतंत्र जगहपर रखना चाहिए। बकरी के पास होते, तो मेमने बार बार दूध पीने लगते है, और इसका परिणाम स्वरूप चारा कैसे खाना चाहिए, यह मेमने ठीक से सीख नही पाते। मेमना और बकरी का हित ध्यान में रखते हुए; हररोज सुबह और शामको नियमित रुप से एकही समयपर मेमने को बकरी के पास दूध पिने के लिए छोडना चाहिए। मेमनों का सर्दी से बचाव करने के लिए बाड़े में अच्छी व्यवस्था होनी चाहिए।

मेमनों को दूध और खाद देने का नियोजन

नवजात मेमनों का बाड़े में मुक्त विहार करने के लिए छोड़ा, तो उनको अपने आप नैसर्गिक तौर अच्छा व्यायाम हो जाता है। इसका ध्यान अवश्य रखना चाहिए। मेमनों को लगनेवाला दूध दिन में दो या तीन बार थोडा थोडा कर के देना चाहिए। दूध का समय निश्चित किया तो उसे आम तौर पर बदलना नही चाहिए। इससे मेमनों की पाचकशक्ती अच्छी होने में मदद मिलती है। दूध पिलाने के बर्तन, जगह साफ रखना जरुरी है। अस्वच्छ हो, तो कृमिजंतू मेमने के पेटमें जाने की संभावना अधिक होती है। मेमना दो–तीन सप्ताह का हो जाए तो उसे झाड़ का पाला खाने की आदत धीरे धीरे लगांनी चाहिए। सेंमल का पाला मेमनों को बड़ा अच्छा लगता है। सेमलसे मेमने चारा खाना तेजीसे सीखते है। छोटा मेमना चारा खाने लगा, तो उसका दूध धीरे धीरे कम करना चाहिए और ढाई से तीन माह के बाद इसका दूध बंद करना चाहिए। मेमनोंका दूध अचानक से पूरा बंद किया और उन्हें चारा ही चारा दिया तो उनका पचन तंत्र बिगडता है। छोटे मेमनों को बारीश के बाद नए कोपलेवाले घास में चरने के लिए छोडना नही चाहिए। इस नये हरे घास से मेमनों को अतिसार, दस्त होने की संभावना रहती है। और दस्त पर काबू नही पा सके तो मेमने के शरीर में पानी की कमी होती है इस में मेमने की मृत्यूभी हो सकती है।

मेमनों को नियमित रुपसे कृमिनाशक दवाई देना

बकरियाँ और मेमनों को कृमि का प्रादुर्भाव साल में बारह महिने होने की संभावना रहती है। मेमनों को कृमि हो जाए, तो उनके विकास और वृद्धी में बाधा उत्पन्न होती है। पेट में कृमि हो जाने से मेमना या बकरी को कितना भी खिलाओ वह नरम दिखाई देती हैं। उनके बदन के बाल एकदम कडे और अस्तव्यस्त, एकदम बिखरे हुए हो जाते है। उनके विष्ठा की पिण्ड नही बनती वह पतली सी रहती है। और उनके जबड़े की निचले हिस्से में सूजन आ जाती है। बकरियों की पलके सफेद सी हो जाती है। मेमनों का पेट फूल जाता है। जिसे मेमनों

को अच्छे दाम नही मिलते। मेमनें मे कृमिका प्रकोप ज्यादा हो जाए, तो उनकी मृत्यू हो सकती है। कृमि का प्रसार मल–मूत्र से एक दूसरे जानवरों को भी होता रहता है। बाद में दवाई के लिए भाग दौड करनेसे अच्छा है, की उनके प्रतिबंधात्मक उपायों के तहत पहलेही कृमिनाशक दवाई पिलानी चाहिए।

कृमि प्रतिबंध के उपाय

बारीश के मौसम में जमा हुए पानी में कृमि के अंडे–बडे पैमानेपर होते है। ऐसा पानी बकरी, मेमने अथवा बाकी जानवरा ेंको पिलाया जाए, तो कृमिओं का प्रादुर्भाव बढ़ सकता है। और तेजी से फैल भी सकता है। इनका प्रतिबंध करने के लिए गोलियाँ, दवाई, भुरभुरी भुकटी, और इंजक्शन भी उपलब्ध है। इनके मदद से कृमि नाश संभव होता है। इनका इस्तेमाल कैसे करना है इसके बारेमें पशू चिकित्सकसे परामर्श करना चाहिए। कृमिनाशक दवाई और प्रतिबंधक उपाय के लिए पूरे साल की समय सारिणी बनानी अच्छी होती है। मेमना एक–दो माह का हो जाने के बाद उसे नियमित रुपसे ढाई से तीन मााह में निश्चित अंतरालसे कृमिनाशक दवाई देना जरुरी है। दवाई अदल–बदल कर देनी चाहिए। मेमनों के साथ साथ बकरियों को भी तीन से चार माहमें नियमित अंतराल से यह दवाई देनी चाहिए। बकरियाँ और मेमनों को कमसे कम गर्मी और बारीश के बाद और गर्मीसे पहले कृमिनाशक दवाई पिलाना बहुतही आवश्यक है। इसमें कोई भी कोता ही बरतना ठीक नही है।

मेमनों की शारीरिक वृद्धी/विकास

बकरी पालन क्षेत्र में कार्यरत संस्था और पशुसंवर्धन विभाग ने यहाँ का तापमान और बकरियों की जाति का एक विस्तृत सर्वेक्षण किया है। इस सर्वेक्षण के निष्कर्ष के अनुसार मेमनों का भार–वजन हर माह कैसे बढता है, और उनका विकास कैसे हो जाता है इसका अनुपात दिया है–

पहला माह	६५ से ८० ग्रॅम प्रतिदिन
दुसरा माह	६० से ६५ ग्रॅम प्रतिदिन
तिसरा माह	५५ से ६० ग्रॅम प्रतिदिन
चौथा माह	५० से ५५ ग्रॅम प्रतिदिन
पाँचवा माह	४५ से ५० ग्रॅम प्रतिदिन
छठा माह	४० से ४५ ग्रॅम प्रतिदिन

सातवे माह से बारह माहत क नर मेमने का वजन हर महिन ेमें डेढ से ढाई किलो और मादा

मेमने का वजन एक से दो किलो भार बढता है। मेमने को खाद्यान्न का अच्छा नियोजन किया जाए तो नर और मादा इसी उम्र में उन्माद पर आ जाते है। इस उम्र मादा उन्माद पर आ भी जाए तो यह उम्र पैदावार के लिए अयोग्य मानी जाती है। छोटे मेमनों को भर दिया जाए तो उनसे होनेवाले मेमने नि:शक्त होते है। और मादा जुड़वा मेमने देने का अनुपात बहुत कम होता है। इसका मतलब छोटे उम्र में मेमने भर दिए, तो भविष्य में उनकी प्रजनन क्षमता पर दुष्परिणाम होनेकी संभावना अधिक होती है। छह माह के बाद नर और मादा मेमने अलग अलग रखने चाहिए।

छोटे मेमनों को बधियाना

पैदावार के लिए नर बकरे का चयन करने के बाद बाकी नर बकरों को छोटी उम्र में ही बधियाना चाहिए। यह प्रक्रिया घर में करना जोखिमभरा होता है। पशूचिकित्सक का मार्गदर्शन लेकर ही बकरी को बधियाना चाहिए। मांसोत्पादन के लिए जो बकरे पाले जाते है, उनका विकास और वृद्धी बधियाने के बाद ही तेजी से होता है। उनके मांस का दर्जा भी अच्छा होता है।

मेमनों की बिक्री

बकरी के मांस को साल में बारह माह माँग रहती है। तथापि चातुर्मास में मांसाहार ना करनेवाले लोगों की तादाद ज्यादा होती है। इसका मतलब चातुर्मास में कम लोग मांसाहार करते है। इसलिए दर घटने की आशंका होती है। चातुर्मास के बाद मांसाहारी लोग बढ़ते है और बाजार में जोर–शोर से तेजी आती है। इस समय की माँग ध्यान में रखकर मेमनों की बिक्री करना लाभदायक साबित होता है। इसलिए बकरियाँ एक साथ उन्माद पर आने के लिए आधुनिक पद्धति से नियोजन करना अच्छा रहता है। तीन माहतक मेमनों को पालने का खर्च बहुत ही कम होता है। उससे अधिक उम्र के मेमनों की देखभाल का खर्चा ज्यादा होता है। आठसे दस माहके उम्र के मेमनों को मांस के लिए ज्यादा माँग होती है। और इनका मांस भी स्वादिष्ट होता है। उसमें १७ प्रतिशत प्रथिने होती है, इसलिए तज्ज्ञ लोग ऐसे मेमनों को विशेष पसंद करते है।

मेमनों की कीमत

मेमनों की कितनी कीमत मिल जाएगी, इसकी कोई हमी नही रहती। इसलिए मेमनों को बाजार में ले जाने से पहले ही दरों की जानकारी लेनी चाहिए। मेमनों के संपूर्ण भार से पचास प्रतिशत मांस मिलता है। इसलिए मेमनों का भार और मांस का दर इनका मेल लगाकर किंमत निश्चित करनी चाहिए। बेपारीओं को मेमनों का मांस चमड़ी और मुंडी से लाभ होता है।

बकरियों का खाद और पेयजल व्यवस्थापन

बकरियों को सुखा चारा या गिला चारा देना पर्याप्त नही होता। बकरियों को इन दोनों घास की जरूरत होती है। इसलिए घास देते समय अच्छी तरह से नियोजन कर व्यवसाय का प्रारंभ करना चाहिए।

पोषण आहार की आवश्यकता

स्थानिक जाति की बकरियों में दूध का प्रमाण थोडा कम होता है। इसलिए उनका उपयोग मांस उत्पादन के लिए ही किया जाता है। बकरी गाभिन होती है, तो उसको पोषाहार की ज्यादा जरूरी होती है। और उसपरही मेमनों का पोषण अवलंबित होता है। इस समय बकरियोंको गिली और सुखी घास धानों का मिश्रण और तैयार खाद्यान्न सही अनुपात देना चाहिए।

पोषण आहार का अनुपात

आम तौर पर बकरियों को हररोज १५० से २०० ग्रॅम पोषाहार देना चाहिए। गर्भावस्था में होनेवाली बकरियों की पैदावार का कार्यकाल शुरू होते ही पहले सेही २०० से ३०० ग्रॅम पोषाहार देना चाहिए। इससे मेमनों का विकास, वृद्धी अच्छी होती है। और प्रसूति के लिए बकरीमें ताकद आ जाती है। गाभिन बकरियों को रोज चार से छह किलो गिला चारा, और एक किलो सुखा चारा देना चाहिए। चारे में द्विदल धान, और भुरभुरे धान का रुमावेश करना जरूरी है। प्रसव के बाद बकरी में नयी ताकद आने के लिए नियमित से ज्यादा आहार देना चाहिए।

पैदावारी के लिए प्रजनन काल नही होता, उस समय भेडीयों को रोज ३०० ग्रॅम खाद और ५ से ६ किलो गिली घास एक से सवा किलो सुखा चारा देनेकी जरुरत होती है। पैदावार के काल में पोषाहार का अनुपात ४०० से ५०० ग्रॅमतक बढ़ाने की जरुरत होती है। अंकुरित

मोड, सातू देना चाहिए इससे प्रजननक्षम नर में जोम, आता है। और खोई हुई शकती वपास आने में मदद होती है। मेमने बड़े होने लगे तो पोषाहार का अनुपात २०० ग्रॅम तक बढ़ाना जरुरी है।बढ़ते उम्र की मेमनों को सकस, पौष्टिक घास देना जरुरी है।

बाजार में मिलनेवाला पशु खाद

बाजार मे बहुविध प्रकार का पशुखाद उपलब्ध है। पिण्ड स्वरुप में प्रथिनयुक्त खाद्यान्न का उपयोग आम तौर पर बकरियाँ, मेमने, गाभिन बकरियाँ इन के लिए करना चाहिए। खाद भुकटी स्वरुप हो, तो सांस लेते वक्त श्वसन नलिका में जाकर बकरियों को सुखी खाँसी हो सकती है। और इस भुकटी के कण फफसे में जाकर खाँसी की बीमारी हो सकती है। बाजार में बिकनेवाले खाद्य में मिलावट भी हो सकती है। इसलिए सावधानी बरतनी चाहिए। खाद्य दर्जेदार कंपनीका होना चाहिए। उसमें मिलावट नाही हो, यह देखना चाहिए। और एक पर्याय उपलब्ध है। वो है घर में ही खाद्य तयार करना। घर में बहुविध अन्नघटकों को साथ मिलाकर भुरभुरा धान तयार कर सकते है। भुरभुरा धान तयार करने के लिए अन्नघटक में प्रथिने और कर्बोदकों का अनुपात कितना हो, इसकी जानकारी लेनी चाहिए। भुरभुरा मिश्रण तैयार करने के लिए मक्का, जवार, बार्ली, सातू, तिलवा, गेहू का भुसा, चावल का भुसा, मुँगफली, करडई, सरकी, सूर्यफूल, पिंण्ड इनका उपयोग करना चाहिए। और तुअर, चना, उडद, मूँग, मसूर, इन दालों का प्रयोग भी लाभकारी होता है।

सूखा चारा

अन्य जानवरों की तुलनामें बकरियों को सूखे चारे की जरुरत अधिक होती है। इसलिए गिले घास के साथ साथ सूखा चारा भी उन्हें लगता है। उनके प्रकार नीचे दिये है –

जवार का चारा :– इस प्रकार के चारे के लिए खेती में कडवल बुआई करनी चाहिए। यह घास पिंडली तक बढ़ने के बाद उसे काँटकर छाँवमें सुखाकर रखना चाहिए। इससे पाला, चारा तैयार होता है। इसका तना छोटा होता है, इसलिए बकरियोंको यह पूरा खाना आसान होता है। और यह चारा पोष्िक होता है। जवार को भुटा आन`के बाद काँटकर तैयार होनेवाला चारा पोष्िक नही होता और धूप में सुखाए गये चारे में पोषक घटक नहीं होते।

सुखा मक्का :– मक्के के भुट्टे निकालकर जो चारा रहता है, उसे सुखा कर भी चारा दे सकते है, लेकिन इस चारेमें पोषणमूल्य बिलकूल भी नही होते। इसलिए बकरियों को चारा मिलने के लिए खास तौर मक्के की बुआई करनी जरूरी होती है। और मक्के के भूट्टे नरम होते है, तबही तने निकालकर छाँव में सुखाना चाहिए। यह तने बारीक कूटकर या उनको छोटे छोटे टुकडे करके रख दिए, तो बकरियाँ अच्छी तरह से खा सकती है। बेकार नही जाता।

मूँगफली का पाला :– मूँगफली के दिन में फँसल काँटने बाद जो आधी अधुरी सुखी बेल होती है,उसे छाँव में सुखाना चाहिए। यह बेल बहुतही स्वादिष्ट होती है, इसलिए बकरियाँ बड़े चावसे खाती है। लेकिन यह बेल अच्छी तरह सुखानी चाहिए। सुखाने में कोताही बरती तो बेलको बारीश के मौसममें फफूँद लग जाती है।

तुअर–चना और भुसा :– तुअर और चना की फसलमें बहुत बार अविकसित दाना, पाला अथवा अग्र का नरम हिस्सा होता है। चने की भूसी, छिलका, अविकसित दाने होते है। यह भूसी बकरियों को हररोज दिया तो चलता है। उन्हें इनका स्वाद भी पसंद होता है और इससे पोषाहार भी मिल जाता है।

सूखा लहसून घास :– लहसून घास की बड़े पैमानेपर फँसल निकाली तो वह छाँव में सुखाकर बकरियों को दे सकते है। और उसी में से झड़ गया पाला मेमनों को देना और भी अच्छा है।

गीला चारा

बकरियों के आहार में सबसे महत्त्वपूर्ण घटक गीला चारा होता है। बँधे हुए बकरियों को तो गीले घास की सुविधा करनी ही पडती है। बाहर कहीं भी खेतों में चरने के लिए छोड़ी गई बकरियाँ अपने पसंद का गीला चारा खा सकती है। लेकिन एक जगह बाँधकर बकरी पालन व्यवसाय हो, तो उन बकरियों को जो खिलाया जाता है, वही खाना पडता है। ऐसी स्थिती में बकरियों को खाना निरस लगता है और वह कम खाती है। इसका परिणाम दूध अथवा मांस के उत्पादन पर होता है। इसलिए बकरियों को कौनसा चारा, घास भूसा ज्यादा पसंद है इसका अध्ययन कर के वही घास उपलब्ध कर के देनी चाहिए। हरा मक्का, बाजरे की गीली घास, मेथी घास, द्विदल धान की चारा, एकदल धानकी चारा, झाडपूस, गीली सेंग, इन्हें प्रयोगमें लाने की जरूरत होती है।

द्विदल चारा :– लहसून चारा, बरमीस, सेमल, मूँगफली पाला, सुबबूल, चौलाई, कुलथी, मोट

एकदल चारा :– जवार के तने, बाजरे के तने, गीला मक्का, सत्तू, हादगा, अंजन, बेर, इमली, पिपल, ग्लिरिसिडिया, देसी बबूल, कठबेल, निंब, जामून, निलगिरी, अशोक, विलायती इमली, गुलेर बड, बेल इसके साथ अलग अलग तरह के पेड और बेल बकरियोंको खानेमें अच्छा लगती है। स्टायलो, नेपिअर, पॅराग्रास, कुंदा हरी घास और दूसरी हरी घास भी बकरियोंको दी जाती है।

हरा चारा बरसात केमौसम में आसानी से बड़े पैमाने पर उपलब्ध होता है। उनका प्रयोग कर के गर्मी में चारे की व्यवस्था करनी चाहिए। बकरी पालकों ने गीला चारा छाँव में सुखाकर रख देना चाहिए। गर्मी के लिए मुरघास तैयार रखी, तो बकरियाँ बड़ी चाव से खाती है।

सर्वंकष विकास और वृद्धी के लिए कसदार आहार

बकरियों का विकास और वृद्धी अच्छी होने के लिए गीला और सुखा चारा देना जरूरी है। इसी के साथ सभी अन्नद्रव्य मिल जानेवाला पोषाहार देना भी आवश्यक है। इसलिए कौनसे आहार से कितने अन्नद्रव्य मिल जाते है, इसकी जानकारी रखना और अध्ययन करना जरुरी है।

आहार में समविष्ट अन्नद्रव्य

प्रोटीन :- प्रोटीन मतलब अलग अलग ॲमिनो आम्ले की शृंखला होती है। यह आम्ल बकरियों को खाद से देना पडता है। चबाते रहनेवाले जानवरों के पेट में विशिष्ट प्रकार के जिवाणू होते है; इस जिवाणूंओं की वजह से आहार पर प्रक्रिया होकर आम्ल अपने आप तैयार हो जाते है। कोशिकाओं की आपूति करना, शरीर और गर्भ की वृद्धी करना, दूध का उत्पादन करना, मांसका उत्पादन और पाचन के लिए योग्य रस तयार करने का काम प्रोटीन्स करते है। इसलिए बकरियों के साथ जानवरों के शरीर में प्रोटीन्स का अनुपात अच्छा होना जरुरी होता है। प्रोटीन्स की कमी की वजह से जानवरोंको समस्या का सामना करना पडता है। बकरियों के शरीर में होनेवाली कोशिकाओं का संपूर्ण कार्य चलन प्रोटीन्स पर ही निर्भर होता है। बकरियों में प्रोटीन्स का अभाव हो जाए, तो उनका विकास नही होता, वजन घट जाता है, उनकी चमड़ी सिकूड जाती है और बाल अपनेआप झडने लगते है। प्रोटीन्स के अभाव में उनकी प्रजननक्षमता घट जाती है और मांसका उत्पादन कम होता है। बकरियोंमें प्रोटिन्स की आपूति करन`के लिए आहार में समाविष्ट करनेके पदार्थ :-

फलीदार :- तुअर, मूँग, चना, उडद, मोट, चौलाई, सोयाबीन और, मटर,

द्विदल फसल:-मेथी घास, बरसीम, सेमल, सुबबूल, फलीदार फसल का चारा

पिण्डी :- मूँगफली, कपास का बीज, खोपरा, आलसी, राई, तीळ, सूरजमुखी, सोयाबीन, निमोरी, करर्ड्ह, कुरासनी इनसे बननेवाली पिण्डी।

मूँगफली, चौलाई, कपास के बीज इससे बनी पिण्डी से अथवा हरे चारे से प्रोटीन्स की मात्रा अच्छी मिल जाती है। इसलिए इन सब का बकरियों के खाद्यान्न में समाविष्ट करना अच्छा होता है।

कर्बोदके :- कर्बसे शरीर को ऊर्जा मिलती है। आम तौर पर जो हररोज आहार दिया जाता है, उससे पर्याप्त कर्ब नही मिलता। लेकिन शरीर के लिए ऊर्जा की जरुरत देखकर कर्ब का नियमित सेवन करना अच्छा होता है। लेकिन प्रशामक पदार्थों का ज्यादा सेवन भी हानि कारक होता है। प्रशामक पदाथों का रुपांतर कर्ब में बहुतायात पर हो जाए, तो

बकरियाँ बीमार हो जाती है इसलिए पशु खाद देने समय ध्यान रखना चाहिए। पशुओं के आहार में कर्बसे मिलनेवाली ऊर्जा बाकी अन्नपदार्थ सें मिलनेवाली ऊर्जा से ज्यादा होती है। बकरियों के पाचनक्रिया में तंतुमय पदार्थों का ग्लुकोज में और खून में रुपांतर होता है। ग्लुकोज का पचन आराम से हो जाता है और ऊर्जा की निर्मिती होती है। कर्ब नही मिले तो बकरियों का विकास अवरुद्ध हो जाता है और उनका वजन भी घटता है। दूध, मांस, ऊन का उत्पादन भी घटता है। बकरियाँ कमजोर पड़ जाती है। उनके उपचार का खर्चा बढ़ जाता है और उत्पादन घटता है।

खाद्यान्न :– जवार, मक्का, ओट, बाजरा, गेहूँ, चावल, बार्ली, सत्तू ,आदि.

तैलीय पदार्थ :– तैलीय पदार्थों से शरीर को ऊर्जा मिल जाती है। दूध उत्पादन के लिए बकरी को तैलीय पदार्थों की जरूरत होती है। बकरी के मांस में स्निग्धता कम होती है। यह पेट के अंदर बाकी हिस्सोंमें बँटा रहता है। तैलीय पदार्थ कम पड जाए तो उनके विकास में बाधा उत्पन्न होती है। उत्पादन कम होता है; बकरी का गर्भपात हो जाता है। अथवा मृत मेमना जनम लेता है। लेकिन बकरी के आहारमें ६ प्रतिशत से ज्यादा स्निग्ध पदार्थ नही होने चाहिए। कपास के बीज और बाकी तिलहन की पिण्डी में स्निग्धता का अंश ज्यादा होता है।

रेशेदार पदार्थ :– बकरियों की भूख मिटाने के लिए रेशेदार पदाथों की आवश्यकता होती है। घास, तने, हरा चारा, मक्का, बाजरे के तने, घास इन में रेशे अधिक मात्रा में होते है। इनके सेवन से जानवरोंका पेट भर जाता है और यह आहार पचनसंस्था में बहुत देर तक टिक भी जाता है।

क्षार और खनिज :– बकरियों का शारीरिक विकास, गाभिन कालमें अन्नघटकों की आवश्यकता, खून में क्षारों का समतोल रहना, हड्डियाँ और दाँत मजबूत होने के लिए खनिजों की आवश्यकता होती है। कॅल्शियम और फॉस्फरस दूध के निर्मिती के लिए जरूरी होते है। कॅल्शियम, फॉस्फरस, पोटॅशियम, सोडियम, मॅग्रेशियअम, क्लोरिन, गंधक यह मूलभूत क्षार और लोह, तांबा, आयोडिन, कोबाल्ट, मँगनीज, झिंक, सेलेनिअम, मॉलीब्डेनम, फ्लोरिना, क्रोमिअम यह खनिज सूक्ष्म अनुपात में आहार से ही बकरियों को और मेमनों को मिलने चाहिए, इस तरह आहार का नियोजन करना जरूरी है।

जीवनसत्त्वों का सेवन :– शरीर के वृद्धी के लिए जीवनसत्त्वों की आवश्यकता होती है। 'ब' और 'क' जीवनसत्त्व जानवर उन्हें मिलनेवाले आहार से ही खुद तैयार करते है। लेकिन 'अ' जीवनसत्व उन्हें आहार से ही देना पडता है। 'ड' जीवनसत्त्व सूरजके किरणों

से, 'ई' जीवनसत्त्व अंकुरित धान से मिलता है। बकरियों को चारने के लिए बाड़े में क्षार की ईटे बाँधना जरूरी है। ईट को बकरियाँ, मेमने, आते-जाते चाटते रहते है और क्षार की आपूर्ती हो जाती है। कुछ कुछ लोगों को क्षारकी ईटे बाड़ेमें बाँधना ज्यादा खर्चा का काम लगता है, और वे इसपर ध्यान नही देते। बाजार में मिलनेवाला चुना खाद्यान्न में मिलाकर बकरियों को दिया, तो उनको कॅल्शियम मिल जाता है। और इससे क्षार मिश्रित करने का खर्चा कम कर सकते है। पशुचिकित्सक से परामर्श लेकर खाद्यान्न में चुना मिश्रित करनेकी आवश्यकता होती है। बकरियों को कॅल्शिअम कम पड जाए, तो वह मिट्टी खाने लगती है। और बाड़े की दीवार चाटने लगती है। जीवनसत्त्व के अभाव में उनकी रोगप्रतिकार की क्षमता कम हो जाती है। पचन क्षमता भी कम होती है। इससे उन्हें बीमारियों का सामना करना पडता है। इसलिए आवश्यकता अनुसार बकरियों के आहार से सभी जीवनसत्त्वों को सम्मीलित करना चाहिए। जीवनसत्वयुक्त आहार उनको देना चाहिए खनिज और जीवनसत्त्व युक्त आहार की सारणी यहाँ प्रस्तुत की है।

पेय जल

बकरियों ने खाया हुआ चारा, खुराक नरम होने के लिए और अन्न घुलने के लिए, खून में रुपांतरित होनेके लिए, आहारद्रव्ये एकदम अच्छे से शरीर से जाने के लिए, पानी की बहुत ही आवश्यकता होती है। शरीरमें से पानी का स्तर कम हो जाए तो बहुत बडी समस्या निर्मित हो सकती है।

पानी की कमीं से होनेवाले परिणाम

- रोगप्रतिकारक्षमता घट जाती है।
- अपच होने के बहुत सारी बीमारियों लग सकती है।
- जानवर का वजन घट जाता है। इससे उत्पादन पर परिणाम होता है।
- मूत्र विसर्जन कम होता है। आँखे अंदर, गहरी हो जाती है और जानवर निर्बल, कमजोर दिखाई पडता है।
- कमजोरी आने से गाभिन होने की प्रक्रिया में बाधा उत्पन्न होती है।
- मादा मेमना जल्दी उन्मादपर नही आती।
- जानवरों की रक्तसंचालन की क्रिया धीमी पड़ जाती है।
- शरीर में जलस्तर कम होने की शिकायत आम तौर ज्यादा और बहुत दिन तक होती रही तो जानवर की मृत्यु हो सकती है।

जानवरों के पेय जल के बारे में क्या सावधानी बरतनी चाहिए?

- जल अच्छे स्वाद का साफ और निर्जंतुक होना चाहिए।
- बकरियों को गर्मी के मौसम में ठंडा और सर्दी में गुनगुना पानी देना चाहिए।
- बरसात के दिनों में गड्ढे में जमा हुआ पानी बिलकुल नही देना चाहिए। जमा पानी में कृमि जंतू होते है, और वह बकरियों के शरीर में प्रवेश करते है; इससे बकरियाँ बीमार होने के आशंका ज्यादा होती है।
- गाभिन काल, दूध उत्पादन काल और मेमनों की वृद्धि का काल इन अवस्थामें बकरियों को पानी की ज्यादा आवश्यकता होती है।
- नमकीन, क्षारयुक्त जल बकरियों को नही पिलाना चाहिए, ऐसे पानी से बकरी बीमार हो सकती है।
- तापमान, बकरियों का आकारमान, खाद के प्रकार, गाभिन अथवा दूध देनेवाली, प्रजोत्पादन क्षमता, पानी का दर्जा इन सब बातों को ध्यान में रखकर पानी का अनुपात और समय निश्चित करना चाहिए। इसके लिए पशुचिकित्सक से पानीके बर्तन नियमित रूपसे साफ करना जरूरी है। सुबह ९ से १० इस समय में और दोपहर में ४ से ५ के दरम्यान पानी पिलाना चाहिए।
- बकरी पालन चराऊ पद्धति से करते वक्त, बकरियाँ सार्वजनिक तालाब का पानी पी लेती है। उस पानी में सभी की लार मिल जाती है और बीमार बकरी की लार निरोगी बकरियों के शरीर में प्रवेशती है। ऐसेही रोग का प्रसार हो जाता है।
- गंदा पानी प्रयोगमें लाना हो, तो उसमें रात में ही फिटकरी घुमाकर रख देना चाहिए। इससे पानी की गंदगी नीचे जाकर जमा हो जाती है। सुबह उपर-उपर का साफ पानी प्रयोग में लाने के लिए बेहतर होता है।
- छोटे, छोटे मेमने गर्मी में धूप से आते ही बहुत सारा पानी का सेवन करते है, यह उनको घातक हो सकता है। इससे अतिसार होने के आसार ज्यादा होते है।
- पीने का पानी छाँव में रखना चाहिए। धूप से गरम होनेवाला पानी बकरियाँ कम पिती है और वैसे ही खुले में पानी रखने से उस मे कचरा आ जाता है, मच्छरोंद्वारा रोगजंतूओंका प्रसार होने की आशंका भी होती है।

  यह सब छोटी छोटी बाते बहुत सामान्य लगती है। लेकिन इनके बारे में सावधानी बरतना बहुतही आवश्यक है।

बहुत ही अल्प अनुपात में लगनेवाले खनिज

नाम	आवश्यकता/जरूरत	अभाव का नतीजा	खनिज का स्रोत
पोटॅशिअम	कोशिकाओं का घटक – प्रोटीन्स और कर्ब के पचन के लिए, मज्जातंतू और मांसपेशीयों को संदेशवहन के लिए	कोशिकाओं में दुर्बलता लगती है, ज्यादा अनुपात हो जाए ,पचन क्रिया में अवरोध पैदा होता है।	वनस्पतियाँ
मॅग्नेशिअम	मज्जातंतू, हड्डियाँ, दाँत, इनकी क्रिया सुचारु रूपसे चलती है। यह क्षार कोशिकाओंमें संप्रेरक और दूध उत्पादन के लिए मददगार साबित होते है।	इसके अभाव में टिटॅनी रोग उत्पन्न होता है। यकृत और मूत्रपिंड को सूजन आती है। चक्कर खाकर मेमने मर जाते है।	हरा चारा, कपास के बीजकी पिण्डी।
लोह	ऑक्सिजन को खून के माध्यम से कोशिकाओं तक पहुँचाना, पुरे शरीर के कार्यों का संतुलन रखना, हिमोग्लोबिन में ६५ प्रतिशत तक लोह होता है।	रकताल्पता होती है। दुर्बलता आती है। भूख नही लगती। दूध कम हो जाता है, विकासमें बाधा उत्पन्न होती है। मेमनोंमें प्रजननक्षमता जल्दी आती नही।	हरी घास, अंडे, फेरस सल्फेट, फेरिक ऑक्साईड
सोडियम और क्लोरिन	खून में और कोशिकाओं के बाहर के द्रव में यह घटक होता है। शरीर में आम्ल–आदिका अनुपात सही रखने में मददगार रहता है। जलपान से पाचन में मदद मिलती है।	पेशीओं के रसों का संतुलन बिगड जाता है। हृदय तनावग्रस्त होकर रक्तसंचालन क्रिया धीमी हो जाती है। मज्जासंस्थाके विकार बढ जाते है। दूध और वजन घट जाता है।	प्राणिज पदार्थ; सोडियम क्लोराईड (नमक)
झिंक (जस्त)	तंतूमय पदार्थ और प्रोटिन्स को पेट और आंतमें पचानेके लिए उपयुक्त (यह क्षार हड्डियों में जमा हो जाता है।)	बाल और शरीर की वृद्धी में अवरोध उत्पन्न हो जाता है। जानवर देर से उन्माद पर आता है।	करडई के बीज, चाशनी

नाम	आवश्यकता/जरूरी	अभाव का नतीजा	खनिज का स्त्रोत
मँगेनीज	एक से ज्यादा पाचक द्रव्या`की निर्मिती, हड्डियों का विकास, अमिनो आम्लों का पचन, प्रजननक्षमता कायम रखना।	वृद्धी में अवरोध, जानवर लंगडते रहते है, प्रजनन कार्यमें बाधा उत्पन्न होती है।	धान, चावल, पॉलिश मँगेनीज, सल्फेट
गंधक	ॲमिनो आमलोंकी निर्मिती	--	हरी घास, कपास का बीज, कपास की पिण्डी
तांबा	मज्ञातंतु का कार्य, रक्तकोशिकाओं को तैयार होने के लिए पूरक लाल पेशीआ`की वृद्धी के लिए प्रोत्साहित करना, मदद करना।	बाल झड़ते है, लंगडना, जोडों में सूजन आती है, हड्डियाँ कमजोर होती है।	हरी घास, मूँगफली, पिण्डी हड्डियोंका भुरा, कॉपर सल्फेट
आयोडीन	थायरॉइड ग्रंथी में हार्मोन अंत:स्त्राव की निर्मिती, शरीर का विकास प्रजननक्षम होना, तंतुमय पदाथों का पचन, मज्ञासंस्था और प्रजनन कार्यमें मदद, बालोंकी वृद्धी	गलेपर सूजन (गॉयटर) वृद्धी और बौद्धिक वृद्धी में बाधा निकृष्ट प्रजनन, बाल झडना	पोटॅश आयोडाइन, नमक समुंदरसे मिलनेवाले पदार्थ
सेलेनिअम	प्रजननक्षमता दीर्घकाल रखना	उन्माद पर न आना, गाभिन न होना	सेलेनियम ऑक्साईड
कोबाल्ट	बी–१२ जीवनसत्त्व का शरीर में और दूध में अनुपात बढ़ने के लिए	भूख कम हो जाती है, जानवर दुबले हो जाते है, बाल और लकड़ी चबाते रहते है	कोबाल्ट सल्फेट, और कोबाल्ड क्लोराईड

जीवनसत्त्व देनेवाला पोषाहार

जीवनसत्त्व	आवश्यकता/जरूरत	अभाव से होनेवाले बुरे परिणाम	जीवनसत्त्व देनेवाले पदार्थ
अ	चमडी, आँखों, के आरोग्यवर्धक रहने के लिए, रोगप्रतिकारशक्ती बढाने के लिए और गाभिन होने के लिए	त्वचा रोग, रातका अंधापन, आँखकी पुतलीयाँ बाहर आ जाती है।	शार्क, कॉड लिव्हर ऑयल, गाजर और उसका चारा, मेथी घास, सोयाबीन और ओट का चारा, हरी घास
बी, बी–१, बी–२, बी–५, बी–६, बी–१२	शारीरिक वृद्धी, पचन का स्वास्थ्य, खून की बढोत्तरी, चेतना व्यवस्था का स्वास्थ्य के लिए	वृद्धीमें अवरोध उत्पन्न होता है, बेरीबेरी, शारीरिक दुर्बलता, रक्तअल्पता	ओट, सोयाबिन, गेहूँका भुरभुरा, अंकुरित धान का भुसा, मेथी घास, हरा मक्का
सी	शरीर की वृद्धी, हड्डियों का विकास, अच्छा स्वास्थ	विकासमें अवरोध, दुर्बलता, स्कर्व्ही रोग, उन्मादपर कम आना	गाजर, हरी घास, चारा, निंबू, टोमॅटो
डी	चमड़ीकी देखभाल हड्डियोंका विकास, शरीर और जननेंद्रियों की वृद्धी, कॅल्शियम और स्फुरद का संतुलन रखना	हड्डियाँ कमजोर होना, सूखंडी होती है, चमडीके रोग उत्पन्न होते है, और इंद्रिय बाहर आ जाता है।	सूरज के किरन, मूँगफली, करडई, कपासका बीज, और उसकी पिण्डी
ई	अच्छा प्रजनन, दूध में वृद्धी, जननेंद्रिय की वृद्धी, मांसपेशींयों को मजबूत करना	नाटा रहना, दीर्घकाल प्रजननक्षम नही रहना, बाँझपन, भरन के बाद भी निष्क्रिय हो जाना	सब तरह का गीला चारा, अंकुरित धान का भुसा, अंकुरित धान

बकरियों के लिए चारा/फँसल की बोवनी

घास और झाड़फूस बकरियों को बहुत ही स्वादिष्ट लगता है। उन्हें यह खाद भाँता भी ज्यादा है। बकरी से दूध, मांस, चमड़ी,ऊन, खाद इतने लाभ होतो है। इनका उत्पादन में वृध्दी लाने के लिए, पोषक घटकयुक्त चारा फँसल कि बोवनी करना और भी लाभदायक होता है।

द्विदल चारा फँसल

लहसून घास :- इस घास को 'मेथी घास'भी कहते है। इनमें प्रोटीन्स प्रचूर मात्रा में होते है, और अलग अलग जीवनसत्त्व, खनिज भी बडे पैमाने पर होते है। प्रोटीन्स १७ से २० प्रतिशत होती है। दूध देनेवाले जानवरों के लिए लहसून घास बहुत ही उपयुक्त होता है। इस घास का सूखा चारा भी अच्छा होता है। लेकिन यह चारा छाँव में सुखाना चाहिए, नही तो इसके पत्ते गर्मी की वजह से गिर जाते है। लहसून घास बकरियोंको दो से तीन बार बाँट बाँटकर देनी चाहिए।

लहसून घास फँसल की खेत में एक बार बोवनी की, तो वह अविरत तीन से चार साल तक उपजाऊरहता है। इसकी पहिली फँसल दो माह के बाद करनी चाहिए। इसके बाद तीन से चार सप्ताह में कटाई कर सकते है। एक हेक्टर क्षेत्र में हर साल में १००० से ११०० क्विंटल चारे का उत्पादन मिल सकता है।

बरसीम :- इस चारे को फँसल रब्बी हंगाम में लिया जाता है। अक्तुबर में बोवनी कर दी, तो अप्रैल तक चार से पाँच कटाई हो जाती है। ६ से ७ माह में हेक्टरी ८०० से १००० क्विंटल उत्पादन मिल सकता है। यह चारा बकरियाँ बहुत पसंद करती है। इनमें १५ से १८ प्रतिशत प्रोटिन्स होते है।

चारे के लिए तुअर :- खरीप हंगाम में तुअरका उत्पादन किया जाता है। इस फँसल को नरम नरम फल्ली लग जाए, तो वह चारा के तौर पर उपयुक्त हो जाती है। फँसल को फुलोरा आ जाए तो अथवा फल्ली लग जाएतो कटाई की जाती है। उसके आधे तने रखे जाते है। ऐसी दो-तीन बार कटाई की जाती है। दूध देनेवाली बकरियों के लिए तुअर का चारा उपयुक्त हो

जाता है। तुअर फँसल की बोवनी की, तो नचोिड़ के बाद पाला अपक्व दाने, भुसा होता है। उनका उपयाग चारे के तौर पर किया जाता है। इससे बकरियों को पोषाहार मिलता है।

बेलों का खाद :– गर्मी, बरसात और सर्दी ऐसे तीनों ऋतुओं में चौलाई की बुआई की जाती है, चौलाई का बेल बकरियों का पसंदीदा खाद्य है। चौलाई के साथ साथ मोट, कुलपी, अथवा बीन्स की गीली फल्ली और बेल बकरियों को बहुत पसंद होती है। इसलिए बेलीयों की चारा फँसल करके उपयोगिता होती है। मूँगफल्ली की सेंग को तोडनेके बाद छाँव में सुखाकर जमा कर सकते है और वह चारा बकरियों को दे सकते है।

सेलम :– बकरियों को सेलम सबसे सुहाना है और उनके शरीर पर अच्छे से लगता है। फँसल कौन सी भी हा, खेत के बाजू में सटाकर बाँधकर सेलम की बुआई कर सकते है। इसको अलग पानी देने की अथवा देखभाल करने की जरूरत नही होती। सेलम का अल गसे उत्पादन भी ले सकते है। सेलम तीन सेचार फीट तक बढ जाए, तो उसकी कटाई करनी चाहिए। सेलम के फुटाव फूट जाते है और सेलम के एक बुआई से कम से कम दो साल चारा मिल सकता है। सेलम की हरी घास का उत्पादन हेक्टरी ३५० से ४०० क्विंटल मिल जाता है।

सुबबूल :– सुबबूलके चारे से बकरियों को पौष्टिक घटक मिलते है। सुबबूल सभी तापमानमें अच्छी बढती है। एकबार सुबबूल का पौधा लगाया तो कम से कम दस साल तक अच्छा खासा हरा चारा मिलता रहता है। सुबबूलके पेड जमींपर ही दूर दूर लगाए जाए, तो बकरियों को चराना आसान होता है। बुआई के बाद कटाई कर के हरा कोमल, नरम पाले का चारे के रूपमें उपयुक्तता होती है। हेक्टरी १२५ टन तक हरा चारा मिल जाता है। इस में २१ से २५ प्रतिशत प्रोटिन्स होते है। इस चारे में 'मायमोशीन' नामका एक द्रव्य होता है, उसका परिणाम जो चबाते नही, उन जानवरों पर होता है। बाल झडना, बाँझपन आना, ऐसे बुरे प्रभाव पड़ जाते है। बकरियाँ चारा चबाती रहती है। इसलिए इनमें 'मायमोशीन' द्रव्य नष्ट करने की क्षमता होती है। लेकिन उनका उत्यदन देनेवाली बकरियों के आहार में सुबबूल का अनुपात ज्यादा नही रखना चाहिए। बीजरहित 'नारी निर्बिजी' इस प्रजाति के सुबबूल को फलटन तालुका के (जिला सातारा) 'निंबकर कृषि संशोधन संस्था'ने विकसित किया है। ऐसे सुबबूल का बकरियों के खाद्यान्न में प्रयोग करना चाहिए। सुबबूल की फल्लीयाँ बकरियाँ खा जाती है, उसमें बीज रहते है। यह बीज बकरियों के विष्ठा द्वारा जमींपर कहीं कहीं गिरते है, और इस बीज से फिर नया सुबबूल का पौधा उगता रहता है। सुबबूल की पौधों की संख्या को रोक लगाने के लिए बीज विरहित सुबबूल का उपयोग करना ज्यादा लाभकारी होता है।

एकदलीय चारा फँसल

मक्का :– यह सभी ऋतुओं में आनेवाली पौष्टिक चारा फँसल है। मक्के की विभिन्न जाति है। इसमें सबसे 'आफ्रिकन टॉल' यह जाति प्रसिद्ध है। बुआई करने के बाद ७० से ७५ दिन में यह फँसल कटाई तक आ जाती है। मक्के के गिले चारे में ७ प्रतिशत प्रोटिन्स, ६ प्रतिशत चिकनाई युक्त पदार्थ होते है, इसलिए यह चारा दूध देनेवाले जानवर और गाभिन बकरियों के लिए सबसे अच्छा माना जाता है। खरीप मौसम में तैयार किए हुए चारे से मूरघास बन जाती है। इसके लिए मक्के का घास–चारा उपयुक्त होता है। गर्मी के मौसम में मूरघास का उपयोग चारे के लिए किया जाता है। मक्के का गिला चारा बकरियों को देते वक्त उनके पूरे का पुरा तना देने के बजाय उसके तुकडे करना अच्छा होता है। इससे चारा बेकार नही जाता और बकरियों को खाने में आसानी होती है।

चारा :– यह तीनों मौसम में आनेवाला पौष्टिक खाद है। खास बकरियों के लिए चारे के उत्पादन लेते समय बुआई बहुत पास पास करनी चाहिए। इससे चारे की लंबाई कम रहती है और घास–पाला भरपूर आता है। और चारा पूर्ण रुप से काम आता है, बेकार नही जाता। खरीप मौसम में बुआई किए हुए चारेका मूरघास बनता है। घास छाँवमें उसका सुखा चारा बनाना आसान होता है। (यह घास धूप में सुखाने से उसका पाला झड़ जाता है।) इसके तने से ज्यादा पोषाहार नही मिलता। बकरियों को चारा काँट–काँट कर देना उचित होता है। बड़ी बकरियों को हररोज एक किलो घास मिल जाए तो उनका स्वास्थ अच्छा होता है। वह हष्टपुष्ट हो जाती है।

सत्तू (ओट) :– सत्तू की फँसल रब्बीके मौसममें लीया जाता है। यह चारा गेहूँ जैसे ही दिखता है। बुआई के बाद दो माह में फँसल कटाई करने लायक हो जाती है। इसके चारेका दर्जा अच्छा होता है। सत्तु के कोमल, अधपके दाने से मिलनेवाला दूध जैसा तंतूमय अन्नपदार्थ जानवरों के लिए पौष्टिक होता है। सत्तू का उपयोग गिले चारे के तौर पर करना उचित है। सत्तु फँसल की कटाई करने के बाद वह सुखा दिया, ते उसमें से पानी निकल जाता है, और उसका दर्जा कम होत जाता है।

एकदल घास

अंजन घास :– यह घास ७० से ७५ सेंटिमीटर लंबा बढती है। पाला नरम और पौष्टिक होता है। जमीं के निचे गाँठदार तने बढ़ जाते है। और इसे बहुत सारे कोपले आ जाते है। इसका उपयोग चराई के लिए, भूमी तैयार करने के लिए और गिला अथवा सूखा चारा देने के लिए होता है। प्रतिवर्ष हेक्टरी १५ से २० टन हरा चारा मिल जाता है। फुलते घासमें ८ से ९ प्रतिशत प्रोटिन्स होते है।

दीनानाथ :– यह घास कैसी भी भूमी हो, और तापमान कैसा भी हो फूलही जाती है। इसके पत्ते की लंबाई ५० से ६० सेंटिमीटर होती है। इसका रंग फीका अथवा सुर्ख होता है।

इसके नरम भुट्टे का रंग बहुत ही आकर्षक होता है। इस घास को भूमीके पास के हिस्से पर तांबेके रंगके चमकदार कोमल, मृदु बाल होते है। विगत कुछ वर्षों से दीनानाथ घास लोक प्रिय बन गई है। छोटा नागपूर, बिहार, ओरिसा में इसकी फँसल बड़े पैमाने पर होती है। बारिश से पहले फँसल के बिना ऐसे ही खाली पडी भूमीपर हलकी तास डालकर दीनानाथ के बीज की बुआई की तो बरसात के बाद इसकी फँसल अच्छी आती है। दीनानाथकी घास नरम पौष्टिक और पाचक होती है। गिले चारे में ७ से ८ प्रतिशत प्रोटिन्स होते है। आम तौर हेक्टरी पर २५ से ३० तक हरी घास मिल जाती है।

मारवेल :– कम वर्षा में और मध्यम और गहरी भूमी में हस यह घास की फँसल अच्छी आती है। इसका तना एकदम बारीक, भरा हुआ और रसिला होता है। घास की लंबाई ९० से १०० सेंमी तक होती है। इस घासकी फँसल एक से ज्यादा साल तक ले सकते है। एक बार बुआई की तो हर बार बुआई करने की जरूरत नही होती। इस घास में ६ से ७ प्रतिशत प्रोटिन्स होते है। बरसात शुरु होने से इसकी उगवाई शुरूहो के इसकी वृद्धी भी तेजीसे होती है। इस घास को एक बार कटाई कर के छाँव में सुखाकर इसके सुखे चारे के तौर पर उपयोग में ला सकते है। इस घास को ढलान पर लगाने से भूक्षरण रोका जाता है। इसकी जड़े तंतुमय होती है। जड़े सड़ जाती है और अच्छा खाद बनता है, इससे भूमी का स्तर अच्छा बनता है।

मोटा पवना :– इस घास का पाला बहुत सारा और नरम, पौष्टिक होता है। बकरियों को पसंद भी होता है। इसकी फँसल हर साल लेने की जरूरत नही होती। भूमी से ही घास को बहुत सारे कोपले आ जाते है। इसकी लंबाई चार से पाँच फीट तक होती है। इस घास में ६ से ७ प्रतिशत प्रोटिन्स होते है। हेक्टरी २५ से ३० टन तक हरी घास मिलती है। बकरियों को इस घास में चरने के लिए छोड़ा जाता है। अथवा यह घास काँटकर बकरियों को खिलाया भी जाता है। और जरूरत पडे तो यह घास सुखाकर सुखे चारे की तौर पर उपयोग में लाई जाती है।

ब्ल्यू पॅनिक अथवा नील घास :– कम वर्षा जहाँ होती है, उसी देश में गहरी भूमी में यह घास अच्छी तरह उगती है। यह फँसल बहुवर्षीय होती है। डेढ से दो मीटर तक लंबी बढती है। इसमें ९ से ११ प्रतिशत प्रोटिन्स होते है। प्रति हेक्टर २५ से ३० टन तक हरी घास मिल जाती है। यह घास खडी खडी रहती है और गुच्छेदार भी होती है। फूलने तक यह रसिली होती है, और इसके कंद गर्मी में भी सुखकर मरते नही। फूलने बाद के घास की कटाई तुरंत करनी जरूरी है। नही तो घास की गुणवता कम हो जाती है। जहाँ बरसात की कमी है, सुखाग्रस्त प्रभाग में यह घास बहुत काम आती है।

मोशी :– यह घास बहुत ही आकर्षक–गाढे हरे रंग की होती है। इसका तना भरा पुरा होता है, पाला और अच्छे कोपले पौष्टिक होने के कारण बकरियों को यह बहुत पसंद आता है। यह गुच्छेदार होता है। और उसकी लंबाई ६० से ८० सेंमी. होती है। प्रति हेक्टर २० से ३ टन हरी

बारामती कृषि विज्ञान कें द्रने बकरियों के लिए लगाई हुई घास की फँसल

घास मिलती है। फूलने के वक्त इस में ६ से ७ प्रतिशत प्रोटिन्स होते है। यह घास चराने के लिए, गिली घास काँटकर खिलाने के लिए, और काँटकर सुखाने के लिए अच्छी होती है। इस घास के लिए बीज की बोआई करनी पड़ती है। वैसे पौधे और कंद से भी यह घास उँगती है। पौधे अथवा कंद लगाए तो घास तेजीसे बढ़ती है।

ऱ्होडस :- यह घास पाला, नरम होता है। ६० से १२० सें.मी.तक बढ़ता है। इसका तना पतला; नरम और रसिला होता है। इसका स्वाद थोडा नमकीन होता है। क्षारयुक्त भूमी में अथवा पानी का जमाव जहाँ होता, वहाँ इस घास की फँसल अच्छी होती है। बकरियों को चराने के लिए और घास काँटकर रखने के लिए छाँव में सुखाकर बाद में सुखा चारा देने के लिए यह घास उपयोग में लाई जाती है। इस घास के लिए बीज की बोआई अथवा पौधेरोपन या कंद लगाए जाते है। इस घास में ६ से ७ प्रतिशत प्रोटिन्स होते है। प्रति हेक्टर २० से २२ टन हरी घास मिलती है। उसकी बोआई हरसाल नही करनी पडती।

दो-दलीय घास

रानमूँग :- अंकुरित धान से समू हमें आनेवाली यह घास बेल जैसी बढ़ती है। इसकी तने, काडी, पत्तीयाँ, फूल, फल्ली सब कुछ बकरियों को अच्छा लगता है। इनमें पोषक द्रव्य भी होते है। यह घास को सभी भूमी में, कम बरसात के क्षेत्र में भी उगा है। दुसरे प्रकार की घास में ही रानमूँग के बीज डालने से बकरियों को संतुलित मिश्रघास अपनेआप मिल जाती है। इसमें १६ से १९ प्रतिशत प्रोटिन्स होते है। एक बार कटाई की, तो ६ से ९ टन तक गिला चारा मिल जाता है। यह फँसल बहुवार्षिक होती है; इसलिए पूरे साल भर बेलको फल्ली लग जाती है। यह फल्ली फूटती है और नई बेल उगती है। इसलिए हरसाल इसे बीज की बोआई करन`की जरूरत नही होती। बेल की सूखी पत्तीयाँ नीचे जमीनपर गिरकर सड जाती है और अच्छा खाद तैयार होता है। इससे भूमी का स्तर बढता है।

स्टायलो :- भुरभरी हलकी भूमी और कम बरसात के क्षेत्र में यह घास अच्छी आती है। चराने के लिए और पर्वतीय क्षेत्र में ऊँचाई पर इसकी फँसल बड़े पैमाने में की जाती है।

बरसात से पहले इसके बीज डाल दिए जाए तो बरसात के बाद अच्छी फँसल आ जाती है। हरी घास, अथवा सुखा चारा बनाकर इसका उपयोग किया जाता है। स्टायलो की घास पौष्टिक होती है और पाचक भी होती है। इसमें १२ प्रतिशत प्रोटिन्स होते है। इस घास कि फ़ल्ली लगती है। यही फल्ली फूँटकर फिरसे नई घास उगती है। यह घास फँसल बहुवर्षीय फँसल है।

दशरथ :- बबूल की तरह इस घास की पत्तीयाँ होती है। इसमें १५ से १९ प्रतिशत प्रोटिन्स होते है। यह घास सभी तापमान में और सभी प्रकार की भूमी में उगती है। जहाँ पानी कम है, वहाँ चरानेके लिए घास लगाई जाती है। बोआई के बाद ४५ दिनमें घास की कटाई की जाती है। यह घास बकरियों को पसंद होती है।

पोषक मूरघास

बाँधकर बकरियों का पालन करते वक्त घास का पूरे साल का नियोजन करने की जरूरत होती है। घास पूरे साल मिलनी चाहिए; इसकी आपूर्ति में बाधा उत्पन्न होने से समस्या निर्माण हो सकती है। आम तौर पर गर्मी में घास की कमी होन`से समस्या ज्यादा गंभीर बन जाती है। इसपर 'मूरघास' यह एक अच्छा पर्याय माना जाता है।

मूरघास का मतलब क्या है ?

अलग अलग ऋतुओं में आनेवाली चारा फँसल को कॉटकर उसे हवाबंद स्थिती में रखा जाता है, उसे मूरघास कहते है।वैसे ही घरों में अलग अलग तरह के आंचार बनाकर रख देते है और पूरे साल में आंचार इस्तेमाल खाने में किया जाता है। घास के फसलों से मूरघास बनाकर वही पूरे सालभर जानवरों को दी जाती है। मूरघास पौष्टिक होती है, और बकरियों को यह स्वादिष्ट लगता है। मूरघास से उन्हें हरे अन द्रव्य मिल जाते हैं। यह खाद्यान्न बनाने के लिए ज्यादा खर्चा भी नही आता।

मूरघास के लिए चारा फँसल

एकदल फँसल :- मक्का, जवार, बाजरा, ओटस् आदि

दोदल फँसल :- चना, सोयाबीन, लहसून, बरसीम

मूरघास किस में बनानी चाहिए?

बकरियों की संख्या और उपलब्ध घास फँसल इन्हें देखकर मूरघास की कितनी आवश्यकता है, इसका अनुमान लगाना पडता है। आवश्यक नियोजन कर के, बड़ी टंकी में अथवा गड्ढे में अथवा प्लॅस्टिक के मोटे थैले में मूरघास बनाई जाती है।

मूरघास बनाने की विधी

घास फँसल फूलने में होती है तबही उसका कटाई कर उसे सुखने देना चाहिए। उसके बाद कटाई मशीन से घास काटने की जरूरत होती है। मूरघास बनानेके लिए जो जगह तयार की है, उस गड्डे में अथवा टंकी मे प्लास्टिक की मोटी पन्नी डालकर उसपर कटी घास बिखरनी चाहिए। उसे पैर से अच्छेसे दबाना चाहिए, दबानेसे उसमें से हवा निकल जाती है। अब हर बार खनिज मिश्रण का पानी, नमक का पानी, गुड का पानी उसके उपर सिंचना चाहिए। इस तरिके से गड्डा या टंकी पुरी भरनी चाहिए। प्लास्टिक की मोटी पन्नी से चारों तरफसे गड्डा–टंकी बंद कर रखना चाहिए। इसके उपर गिली मिट्टी और गोबर से लेपन करना चाहिए। मिट्टी और गोबर लगानेसे बाहर से पानी अथवा हवा अंदर नही जाती। यह मुरघास ऐसीही ४५ दिन रखनी चाहिए। इसके बाद खाद्यान्न रूपमें बकरियोंको दे सकते है।

मूरघास बनाते समय सावधानी बरतनी चाहिए

१. मूरघास बनानेवाली टंकी या गड्डा घास डालकर बंद करने से पहले वह हवाबंद हो गई है या नही, यह ध्यानसे देखना चाहिए।

२. टंकी या गड्डे में जो प्लास्टिक की पन्नी उपयोगमें लायी है, वह ना फटे इसका ध्यान रखना। अच्छी कंपनीकी मोटी पन्नी उपयोग में लानी चाहिए।

३. मूरघास कब तैयार की है, इसकी तारीख, ध्यान से लिखकर रखनी चाहिए। इससे मूरघास कब से इस्तेमाल कर सकते है, यह समझ में आ जाता है।

४. मूरघास बनाते समय और इसका प्रयोग करने से पहले पशुचिकित्सक से परामर्श लेना जरुरी है।

५. मूरघास उपयोग में लाना शुरू करने के बाद, बची हुई घास अच्छे से ढ़ककर रखनी चाहिए। उस में हवा अंदर नही जानी चाहिए।

मूरघास के लाभ

१. मूरघास तैयार करने के लिए घास फँसल की कटाई करने के बाद, भूमी दुसरी फँसल लेने के लिए मिल जाती है।

२. गर्मी के दिन में और घास का अभाव होने से मूरघास के मदद से बकरियों को हरी घास, पौष्टिक घास देनी आसान हो जाता है।

३. जानवरों को मूरघास स्वादिष्ट लगती है। और पौष्टिक होने के कारण उनके लिए अच्छी भी होती है।

४. मूरघास में पानी ७० प्रतिशत, प्रोटिन्स, १६.८७ प्रतिशत चरबी ६.९५ प्रतिशत होती है। मूरघास एक बार एक बड़े जानवर को ज्यादा से ज्यादा १० किलोत क दे सकते है। मूरघास प्रकल्पे के लिए १० × ८ × ८ इस आकार में टंकी निर्माण के लिऐ साठ हजार रुपिये खर्चा अनुमानित है। इस में १६ टन घास आराम से आती है। एकबार मूरघास बना दी तो, पुरे सालभर उपयोग में आती है।

सूचना :– मूरघास प्रक्रिया की अधिक जानकारी लेने के लिए नजदीक के पशुवैद्यक से संपर्क करें।

गड्ढा खोलते समय बरतने योग्य सावधानी

- मूरघास तैयार होने के बाद गड्ढा खोलकर उस पर लगाया गया आच्छादन निकाल देना चाहिए। थोडी देर रुकना चाहिए, इस से हवाबंद गड्ढे में होनेवाले अपायकारक वायू बाहर निकलते है।
- गड्ढे में धीरे से उतरना चाहिए और दाँतवाले औजार की सहायता से मूरघास निकालनी चाहिए। मूरघास आजूबाजू में उपर और नीचे थोड़ी खराब हो जाती है। यह सड़ा हुआ हिस्सा निकालकर फेंकना चाहिए। और उसके बाद मूरघास उपयोग के लिए निकालनी चाहिए। हवा अंदर ना जाए, इस तरह गड्ढा फिर से अच्छी तरह बंद कर रखना चाहिए।
- मूरघास में फफूँद लगनी नही चाहिए।
- हवाबंद स्थिती में मुरघास गर्म हो सकती है। इसलिए मूरघास निकालते समय पैरों में चप्पल पहनना जरूरी है।
- मूरघास तैयार करनेसे पहले और गड्ढा खोलते वक्त अनुभवी कुशल व्यक्तीओं का अथवा तज्ज्ञ व्यक्ती से मार्गदर्शन जरूर लेना।

मुरघास का प्रयोग करते वक्त बरतने की सावधानी

- मूरघास दिन में दो–तीन बार सम प्रमाण में बाँटकर देनी चाहिए।
- मूरघास देनेसे पहले ही बकरियों को सुखा चारा खाने देना है।
- मूरघास आम्लयुक है, अथवा खट्टी है, तो थोडी देर सुखानेके लिए रखनी चाहिए।
- मूरघास की आदत बकरियों को लगनी चाहिए, इसलिए पहले पहले सुखे घास में, चारे में घुलाकर देनी चाहिए।
- बकरी दूध देनेवाली हो, तो उसका दूध निकालने के बाद, उसे मूरघास देनी चाहिए। इस से दूध को मूरघास की गंध नही आती।

- मूरघासें फूँद लगी हुई बकरियोंने खा ली, तो उनकी पचनक्रिया बिगड जाती है । उन्हें जुलाब होते है।
- मूरघास को रखने के लिऐं बडी पूँजी लगानी पडती है। गलत तरीके से बनाई मूरघास जानवर नहीं खाते। इसलिए चारे के साथ साथ लगाई गई पूँजी भी बेकार में जाने की आशंका होती है।
- मूरघास के लिए जो भी चारा लेते है, उस में प्रोटिन्स, कर्ब, और शर्करा इनका प्रतिशत अच्छा होना चाहिए।
- पौष्टिक मूरघास बनाते समय मक्के को प्राधान्य देना चाहिए।
- बकरियों को मूरघास देते समय, सौ ग्रॅमसे शुरुवात करना चाहिए। दो किलो तक मूरघास दे सकते है।
- मूरघास खाने की और उसे पचाने की आदत बकरियों को लगनी चाहिए, इसलिए इसका अनुपात धीरे धीरे बढाना चाहिए।
- जंगल में आनेवाली घास, तने, घास फँसल, ताग, मटर, इनका उपयोग मूरघास के लिए कर सकते है।
- गन्ने की तने से भी पौष्टिक और पाचक मूरघास बना सकते है।
- गन्ने के हरे तने, युरिया, गुड; नमक, खनिज मिश्रण डालकर अच्छी मूरघास बना सकते है।

निकृष्ट घास/चारा सकस बनाना (युरिया प्रक्रिया)

घास फँसल की कटाई नियोजित समयपर नही की गई, तो यह फँसल बेकार हो जाती है। बाजरे के तने, चावल का भूसा, गन्ने के तने, सुखने के बाद चारे के तौर पर उनका स्तर कम हो जाता है। ऐसी निकृष्ट घास, चारा आधुनिक प्रक्रिया से सकस, पौष्टिक बना सकते है।

युरिया प्रक्रिया पद्धति

इस प्रक्रिया के लिए बाजरा, गन्ना, चावल इनका अथवा बाकी कौन सा भी निकृष्ट चारा लेना है। सौ किलो चारे की मशीन से कटाई करानी है। उस में एक किलो नमक, तीन किलो गुड; और एक किलो मिनरल मिक्श्चर और २५० ग्रॅम युरिया के अलग अलग पानी कटे हुए घासपर सींचना है। यह घास चोबीस घंटे ढककर, दबाकर रखनी है। इसके बाद इसका प्रयोग बकरियाँ और बाकी जानवरों के खाद के तौर पर कर सकते है। यह सकस घास जानवर बड़े चाव से खाते है।

सूचना :- इस विषय की अधिक जानकारी लेने के लिए नजीक के पशुवैद्यक से संपर्क करें।

जानवरों के लिए उत्तम खाद

प्रक्रिया युक्त गेहूँ के तने : रंब्बी हंगाम में किसान गेहूँ की फँसल बड़े पैमाने पर करते है। गेहूँ की कटाई के बाद तने जलाते है अथवा निकालकर फेंक देते है। ऐसे तने, चावल का भुसा प्रक्रिया करके चारे के तौर पर उपयोग में लाया जा सकते हैं।

गेहूँ के तने और भुसेपर प्रक्रिया कर उन में पोषकता, सकसता बढ़ा सकते है। १.५ प्रतिशत युरिया और बाकी साहित्य का प्रयोग कर के प्रक्रिया करनी चाहिए।

साहित्य	प्रक्रिया के लिए आवश्यक अनुपात
गेहूँ के तने अथवा चावलका भूसा।	१०० किलो
युरिया	१.५ किलो (१.५ प्रतिशत)
क्षार का मिश्रण	१.० किलो
खड़ा नमक	१.० किलो
कम दर्जेका गुड	३.० किलो
पानी	३० से ४० लिटर

प्रक्रिया की पद्धति

- युरिया ठीक अनुपात से लेकर गलाना चाहिए। उसके बाद उस में क्षार मिश्रण, खड़ा नमक, गुड डालकर अच्छी तरह घोलकर मिलाना चाहिए।
- यह घोल छह इंच के भुसे का स्तर लगाकर उपर सिंचना है। भुसा उपर–नीचे कर के अच्छी तरह मिलाना है। इसी तरह छह–छह इंच के स्तर पर स्तर रचना कर के पूरा घोल का छिड़काव हर स्तर पर करना चाईए।
- हर बार भुसा जोर से दबाकर उससे हवा निकालनी है। यह भुसा दबाकर प्लास्टिक के मोटे पन्नी से हवाबंद करके ढँकना चाहिए। दो घंटों के बाद जानवरोंको खानेके लिए दे सकते है। बकरियाँ बड़े चावसे यह खाती है।

सावधानी बरतना

- प्रक्रिया में युरिया का अनुपात एकदम सही होना चाहिए। युरिया का अनुपात डेढ टके से ज्यादा नही होना चाहिए।
- युरिया अच्छी तरह घूल जाए, यह देखना चाहिए।
- प्रक्रिया के बाद तयार होनेवाला चारा दो घंटों के बाद तुरंत जानवरोंको देना चाहिए। इसे ज्यादा देर तक जमा कर बिल्कूल नही रखना चाहिए।

बारामती कृषि विज्ञान केंद्र द्वारा सौ किलो गेहूँ के तनेपर की जानेवाली प्रक्रिया और जवार के तने इनका तुलनात्मक अभ्यास किया है। किसान गेहूँ के तने अथवा चावल का भुसा निकृष्ट है, ऐसे समझकर फेंक देते है। लेकिन अब इस तने और भुसे पर अच्छी प्रक्रिया कर के उसका रुपांतर सकस चारे में हो सकता है। जिस प्रदेश, प्रभाग में चारा टंचाई की समस्या है, वहाँ यह सकस खाद उपयोगमें लाया जा सकता है। इससे जानवरों के खादपर होने वाला खर्चा कम हो सकता है।

प्रक्रियायुक्त चारा खाद के बारे में अधिक जानकारी के लिए संपर्क:

डॉ. रतन जाधव, बारामती कृषी विज्ञान केंद्र, ता. बारामती, जि. पुणे

भ्रमण ध्वनि – ९४८८५१९१९३

नियोजनबद्ध तरीके से व्यवसाय किया तो आमदनी अच्छी तौर पर हो सकती है ।

सभी चित्रों को (रंगीन) देखने के लिए कृपया इस QR कोड को स्कैन करें ।

बाँधकर बकरी
पालन पद्धति में बाड़े
के अंदर की रचना
अच्छी करनी
चाहिए।

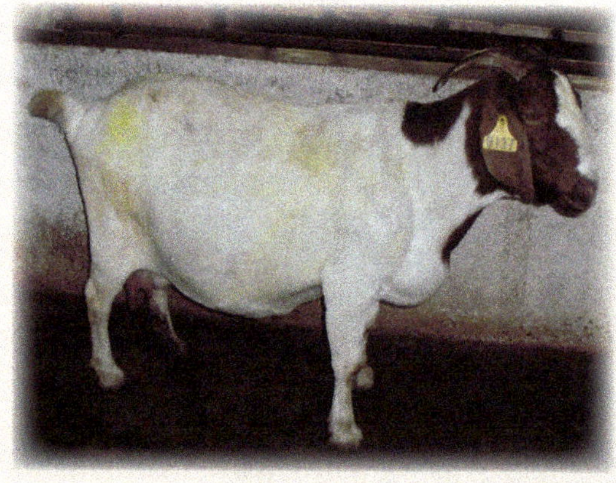

चराऊ पद्धति से
बकरी पालन किया,
तो बकरियाँ उन्हें जो
अच्छा लगे वही
घास खाती है।

बकरीपालन व्यवसाय में नवजात मेमनों का संगोपन उत्पादन वृद्धी के लिए महत्वपूर्ण हिस्सा है।

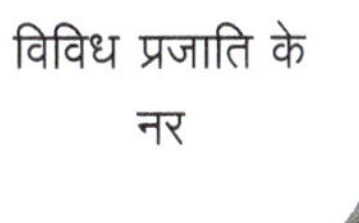

विविध प्रजाति के नर

कम खर्चे में भुसौरा तैयार करके चारे का अपव्यव टाल सकते है।

कम पानी में
पन्हाळी घास की
बोआई कर चारा आपूर्ति
कर सकते है।

पश्मिना

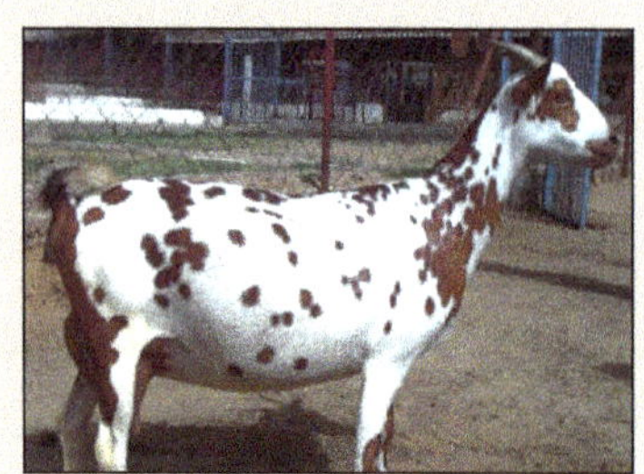
बारबारी

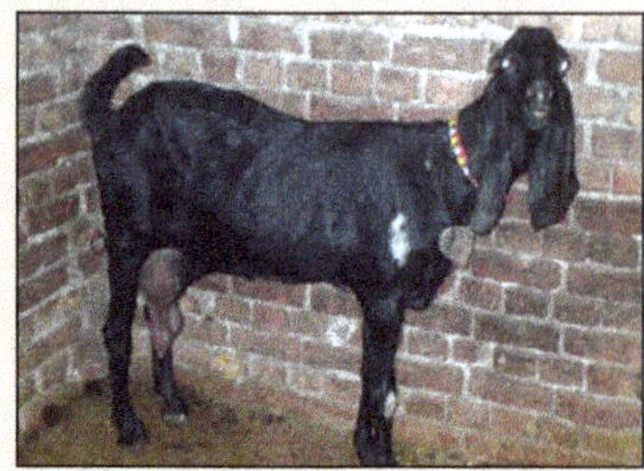
बीटल

बंगाली

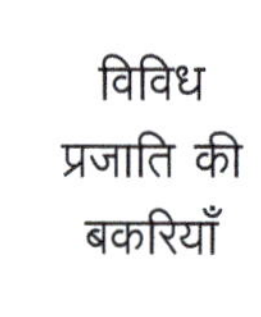

चेगू

गड्डी

गंजम

बोअर

सुरती

मलबारी

रोग और उपाय योजनाएँ

उपद्रवी कीटाणु और प्रतिबंधात्मक उपाय योजनाएँ

बकरियाँ और बकरों में कुछ रोगजंतुओं का प्रसार कीटाणु के माध्यम से होता है। उन्हें कीटाणु की बाधा नही होनी चाहिए, इसलिए प्रतिबंधात्मक उपाय करने पडते है।

कीटाणु के प्रकार

काली अथवा नीली मक्खी (ब्ल्यू फ्लाय)

इस जाति की मक्खियाँ बकरी–बकरे के पास भिनभिनाती रहती है। इसमें कुछ काली होती है, कुछ नीली, अस्वच्छ बाड़े में यह ज्यादा होती है। यह मक्खी अपन अंडे कचरे के ढेर पर, अस्वच्छ जगह पर डालती है। सर्दी के मौसम आखरी दिन में और गर्मी के शुरुवाती दिन में यह मक्खी अंडों की उत्पत्ती करती है। मृत जानवरों को खुले स्थान पर फेंक्र दिया जाए, तो उस जगहपर यह मक्खियाँ ज्यादा होती है और उनका प्रसार भी तेजी से होता है। यह मक्खियाँ बकरियों पर गंदगी हो तो, उनपर, बकरी को कुछ जख्म हुई हो तो उनपर भी अंडों की उत्पत्ति करती है। मक्खी जख्मोंसे अपना पोषण करती है। इससे बकरी के घाँव जल्दी भर नही सकते और ज्यादा गहरे होते जाते है। नर मक्खियाँ अपने अंडे डालने के लिए ऐसीही गंदी जगह ढूँढती रहते है। और इनका चक्र चलता है। जिन बकरियों के शरीर पर मक्खियोंने अंडीं डाले है, वह बकरियाँ अपनी पूँछ बार बार हिलाती रहती है। पैर उठाकर बदन को खुजलाती रहती है। बकरी खुली हो, तो इधर–उधर भागती रहती है।

उपाय योजनाएँ :– इन मक्खियों का उपद्रव से बकरियों को बचाने के लिए सबसे पहले बाड़ा एकदम साफ सुथरा रखना चाहिए। निर्जंतुक करना चाहिए। जानवर साफ रखना है। उनके शरीर पर कहीं भी घाँव हो, तो उसपर तुरंत दवाई या लगानी करनी चाहिए। घाँव पर मक्खियाँ बैठनी नही चाहिए। ऐसी सावधानी बरतनी चाहिए। घाँव के आसपास के बाल कैची से काँटने चाहिए। घाँव में कीडे दिखाई दे, तो उसे चिमटी से बाहर निकालकर नष्ट करने चाहिए। घाँवपर टर्पेंटाईन का कपड़ा फेरना चाहिए। इस तेल के गंध से कीडे पूरे बाहर

निकलते है, और मर जाते है। घाँव गहरा हो, तो क्लोरोफार्म का द्राव डालने पर सभी कीड़े मर जाते है और बाहर निकलते है। कीड़े बाहर आने के बाद घाँव की जगह साफ और सुखी कर के उसपर झिंक ऑक्साइड, बोरिक ॲसिड की पावडर लगानी चाहिए।

जूँ/होफा

बकरी के बदन पर बालों के नीचले हिस्से पर दिखाई देनेवाला यह कीटाणु है जूँ अथवा होफा। इन्हें पंख नही होते। एक काँटता है और दुसरा खून का शोषण करता है। खून का शोषण करनेवाली जूँए हानिकारक होती है। बाड़े में अस्वच्छता, गिलापन और खुली हवा नही होने के कारण यह कीटाणु पनपते है। बकरियों के शरीर पर जो बाल होते है, उनके नीचले भागपर जूँए अंड़े डालती है। इसी अंड़ो से पंधरह दिनो में नई जूँए तयार होती है। जूँए वजन से जानवर बदन खुजलाते रहते है। इस त्रासदी के वजह से बकरियाँ बाड़े में दिवार को, खंबे को अथवा कोई भी कठोर चीज दिखाई दी, तो उससे खुजलाते है। जूँकी वजहसे जो कुछ खाया जाता है, वह जानवरों के शरीरपर लगता नही। उनका विकास रूक हो जाता है। प्रकृति नरम हो जाती है।

उपाय योजनाएँ :- जूँ का उपद्रव टालने के लिए बाड़े में सफाई रखनी जरुरी है। बाड़े में हवा का संचालन होना चाहिए। बाड़ा थोडा ऊँचाई पर बांधना चाहिए। बरसात के दिनों मे बाड़े की हवा में एकदम नमी होती है। जानवरों का बदन भी गिला गिला हो जाता है। इसलिए जूँका प्रसार होता है। बरसात के बाद बाड़े मे बीएचसी पावडर का छिडकाव करना चाहिए। बकरियों को भी कपडे के माध्यम से बीएचसी पावडर अच्छी तरह मसलकर लगानी चाहिए। यह उपाय हर दो माह के बाद किए, तो जूँ का उपद्रव नही होता। पावडर और दूसरी किसी भी दवाई का प्रयोग करते वक्त, वह खादपर गिरनी नही चाहिए। सावधानी बरतनी चाहिए। कीटाणु ज्यादा उपद्रवी नही है, ऐसे लगता है। लेकिन उनका प्रादुर्भाव बढ़ने से रोग का फैलाव होता है। और इसमें बकरियोंकी मृत्यू भी हो सकती है।

चीलर

बकरियों को सतानेवाली कीटाणु चीलर होती है। बड़े जानवरों पर बैठनेवाली चीलर और बकरियों के शरीर पर टिककर बैठनेवाली चीलर इनमें बहुत फर्क है। बकरियों को त्रासदी लगनेवाली चीलर आकार से छोटी और रंग से तांबे जैसे होती है। चीलर अड़े उबाती है और छोटे छोटे कीडे बाहर फेंकती है। एक मादा चीलर एक ही वक्तपर दस से बारह कीड़े शरीर के बाहर फेंकती है। उसके बाद इस में नई चीलर तयार होती है। चीलर बकरी के खून

का शोषण करती है। इससे बकरी के शरीर में खून की कमी आती है। बकरियाँ दुर्बल, नि:शक्त हो जाती है। चीलर के साथ साथ बाकी रोग कृमी का भी फैलाव होता जाता है। चीलर की रोक थाम के लिए १० प्रतिशत गंधक मिश्रीत मॅलेथिऑन पावडर को बकरियों के उपर मलनी चाहिए। इसका छिडकाव बकरी के बदन पर, बाड़े में करना चाहिए। जूँ, जूँ के अंडे, चीलर इनकी एकत्रित रूप से रोकथाम के लिए यह प्रतिबंधात्मक उपाय जरूरी है। बकरियों की संख्या ज्यादा हो; तो यह उपाय बार बार करना पडता है। बकरियों का बाड़ा नियमित रुपसे साफ और निर्जंतुक रखना चाहिए।

गीड (मस्तक कीड़ा)

मस्तक कीड़ा नामक कीटाणु बकरियों के नथुने में पाया जाता है। उस कीड़े के कारण उन्हें सांस लेने में तकलीफ होती है। नथुने में खुजली आती है और बकरियाँ बेचैन हो जाती है। कीड़ों का रुपांतर तीन से पाँच सप्ताह में बडी मक्खी में हो जाता है। इस काल में नथुने से गंदगी आती है। छीक आती है। यह कीडा नथूने में आ जाए तो बकरियाँ गर्दन उपर करके खडी रहती है। इस कीड़े की रोकथाम करने के लिए ३ प्रतिशत क्रिसाल द्राव नथुने पर छिडकना चाहिए। टर्पेंटाईन की दो–तीन बूँदे भी नथुने में ड़ालनी चाहिए। इस कीड़े की मादा नथुने के पास अंडा देती है। और कीडा धीरे धीरे नथुने से अंदर घुसकर बढ़ता रहता है। इसका फैलाव निरोगी बकरियों को नही होना चाहिए, इसलिए जल्द से जल्द जल्द रोकथाम करनी चाहिए।

मक्खियाँ/मच्छर

खून चूसनेवाले मच्छर से रोग का प्रसार होता है। मक्खियाँ भी ऐसेही परेशान करती है। अस्वस्थ बकरियों के घास अथवा संसर्गजन्य स्थान पर मक्खियाँ बैठ्ती है और निरोगी बकरियों में रोग का फैलाव होता जाता है। इसलिए बाड़े के आसपास पानी का जमाव नहीं होना चाहिए। पानी का निकास अच्छी तरहसे होना चाहिए। जहाँ पानी जम जाता है, वहाँ दवाई छिडकनी चाहिए। मक्खियाँ पानी में अंड़े डालती है। इसलिए पानी भी साफ रखना चाहिए, गंदे पाने में मक्खियाँ, मच्छरों के अंडे फैलते है। बाड़े की सफाई करनेके बाद फ्लिंट अथवा फिनेल का पानी छिड़कने से मक्खियाँ नही आती।

चूहे और चुहियाँ

घास, चारा बाड़े में होता है, तो चुहे–चुहियाँ बड़े पैमाने पर होती हैं। चुहे के शरीर पर पिस्सू

होते है, वह बकरी के शरीरपर चढ़ जाते है। पिस्सू जूँसे भी ज्यादा हानिकारक होते है। इससे बकरियों को रोग होता है। और बाड़े में जमा किया खाद चूहे-चूहियाँ खाते है, इससे नुकसान भी होता है। चूहे के बिल दवाई की गोलियाँ डालकर बंद करना चाहिए। बाड़े के आसपास घास और कचरे का ढेर लग देना नही चाहिए। चूहे को खाने के लिए बाड़े मे साप आ सकते है और बकरियों को काँट सकते है। इसलिए बकरियों के पास चूहा, चूहियाँ आने नही चाहिए इतनी सफाई रखनी चाहिए।

उपद्रवी कीटाणु द्वारा रोगका प्रादुर्भाव बकरियोंको हो जानेसे पशु चिकित्सक से तुरंत परामर्श लेकर उपाय करने चाहिए।

परजीवी कीटाणु से होनेवाले रोग

बकरियों मे परजीवी कीटाणुं से कुछ विकार; रोग हो जाते है। कुछ कुछ कीटाणु बकरियों के शरीर के अंदर या बाहर होते है। अंदर के कीटक का प्रादुर्भाव जल्द समझ में नही आता, इससे रोग अधिक गंभीर अवस्था में पहुँच जाता है। इसलिए बकरियों को रोग होना ही नही चाहिए, ऐसी प्रतिबंधात्मक उपाय योजना की जरूरत होती है।

अंतस्थ परजीवी

बकरियों के पेट में अथवा आंत में कृमि बड़े पैमानेपर हो जाते है। मेमनों में होनेवाले रोग के लिए यही कारण बनते है। रोगग्रस्त मेमनों का वजन बढ़ता नही, उनको बार बार जुलाब होते रहते है। शरीर में पानी की कमी हो जाती है और मेमना अशक्त बनता है। ऐसी स्थिती में मेमने की मृत्यू हो जाने की संभावना ज्यादा होती है। यह स्थिती टालने के लिए पशुचिकित्सक से परामर्श लेकर कृमिनाशक दवाई नियमित तौर पर पिलानी चाहिए।

बकरियों में पाने जानेवाले कृमि

लंबे, गोल कृमी :- यह कृमि १ से ३० सें.मी. लंबे होते है। यह बकरियों के आंत में रहते है। बकरियों का अच्छी तरह संगोपन नही किया और सावधानी नही बरती, तो बरसात में यह कृमि बकरियों के पेट में होते है। बरसातके दिन में बकरियों को चराने के लिए छोड दिया जाए तो झाडफूस-पाले के साथ यह कृमि भी उनके पेंटमें जाते है। कृमि के अंड़े भी अंदर जाते है और बकरियों को 'युसोफेगो स्टोमोसिस' रोग हो जाता है। इसमें बकरियों के आंतमें छोटे छोटे दाने निकल आते है। और अंदर गाँठ बन जाती है। उन्हें बारबार जुलाब होते है और वह निर्बल होती है। इसपर तुरंत उपाय नही किए, तो बकरियों की तबियत

बिगड़ जाती है और मृत्यु भी हो सकती है। इसके अलावा छोटे आकार की कृमि पेट में जाकर खून का शोषण करते है। इससे भी बकरियों को खूनके जुलाब हो सकते है। कृमि होनेवाले बकरियों को 'हिमॉकोसिस' रोग होता है।

फीता-कृमि :- यह कृमि लंबे होते है। इसलिए उनको 'फिता कृमि' 'टेपवर्म' कहा जाता है। इनकी लंबाई दो से तीन मीटर भी हो सकती है। बकरियों को चरन`के लिए छोडे तो घास से यह कृमि बकरियों के पेट में जाते है। इतना लंबा कृमि अंदर होने के कारण आंत की हलचल कम होती है और बकरियों को अपचन हो जाता है। बकरियाँ दुर्बल होती जाती है। कृमि का प्रादुर्भाव समझने के लिए मेमनों विष्ठा का निरीक्षण करना चाहिए।

पर्ण कृमि :- इस कृमि का आकार पत्तो जैसा होता है। कुछ कृमि तिकोने होते है। यह बकरियों के यकृत में फैलते है। इसलिए उनको 'लिव्हर फ्ल्यूक' (यकृत कृमि) कहा जाता है। इनका प्रादुर्भाव तालाब, नहर, पानी की जगह, नमी के स्थान में होता है। इस कृमिकी वजह से यकृत में खून का बहाव शुरु होता है। इनपर तुरंत दवाई नही दी, तो तीन से चार दिन में बकरियाँ मर जाती है।

परजीवी को नियंत्रित करना

इन सभी कृमि से बकरी और मेमनों का बचाव करने के लिए उनको नियमित कृमिनाशक देना जरूरी है। पशुचिकित्सक से परामर्श लेकर उनका नियोजन करना चाहिए।

कृमिनाशक देने की समयसारिणी

- मेमना एक माह का होने के बाद
- मेमना तीन माह का होने के बाद
- मेमना छह माह का होने के बाद
- बरसात के प्रारंभ पर ही बाड़े की सभी बकरियाँ और मेमनोंको
- अगस्त और सितंबर में सभी बकरियों को और बाड़े के लिए बाहर से खरिदकर लाए हुए सभी बकरियों को और मेमनों को पशुचिकित्सक के परामर्श से फीता और पर्ण कृमि रोक थाम के लिए कृमिनाशक दवाई पिलानी चाहिए। एक स्थान में बाँधकर बकरीपालन किया जाता हो, तो हर साल में एक बार कृमिनाशक दवाई पिलानी चाहिए।

बाह्य परजीवी

कृमि के साथ साथ कुछ कीटाणु बकरियों को अस्वस्थ कर देते है। यह कीटाणु बकरियों के शरीर पर होते है। और बकरियों का खून चुसते है। इससे विविध रोगों का उद्भव होता है। बाह्य परजीवी में प्रमुख तौर पर मक्खियाँ, चीलर, कीटाणु, पिस्सू और जूँए इनका अंतर्भाव होता है।

नियंत्रण

बाह्य कृमि बकरियों का खून चुसते है, बकरी को खुजली होती है, वह अस्वस्थ होती है और बदन पर घाव होते है। इससे बकरियाँ दुर्बल हो जाती है। दूध देनेवाली बकरियों का दूध कम हो जाता है। बाह्य परजीवी को रोकथाम करने के लिए पशुचिकित्सक से परामर्श लेकर बकरियों के बदन पर दवाई का छिडकाव करना चाहिए। पानी में कीटकनाशक मिलाना चाहिए और बकरियों को उसी पानी से नहाना चाहिए। बाड़ेमें सफाई रखनी चाहिए। बाड़ा नियमित रूपसे सुखा और निर्जंतुक रखना चाहिए।

कीटकनाशक का प्रयोग करते वक्त

कीटकनाशक का उपयोग बार बार करना पडता है। इसलिए सावधानी बरतनी जरुरी है। ठीकसे सावधानी नही बरती तो छोटीसी भूल बकरियोंके जानपर बीत सकती है। कीटकनाशक का उपयोग करते वक्त बरतने दोग्य सावधानता :

- बकरी को कोई भी घाव नही चाहिए और वह बीमार भी होनी नही चाहिए।
- बकरी पर दवाई छिड़कते वक्त और नहाने के समय तापमान सुखा होना चाहिए। सर्दी और बारिश में यह उपाय नही करना।
- पानी से नहाने के वक्त और बकरीओंको पानी के टंकी में छोड़ते वक्त उन्हें पहले भरपूर पानी पिलाना चाहिए। इससे टंकी का दवाईयुक्त पानी वह पिते नही।
- बकरियों के शरीर पर दवाई का छिड़काव करने के बाद उन्हें चरानेके लिए छोड़ना नही छोड़ना चाहिए।

बकरियों के लिए टीकाकरण

बाड़े का बकरियों को अलग अलग रोग की बाधा होती है। उनपर समय पर उपचार ना किए तो उनकी मृत्यु हो जाती है। इसलिए रोग ना होने के लिए उन्हें नियमित रुपसे टीकाकरण करना बहुत ही महत्त्वपूर्ण है।

नियमित टीकाकरण के फायदे

- रोग से बकरियों की मृत्यु नही होती; उनकी रोगप्रतिकार क्षमता बढ़ती है।
- हानी होने से बचती हैं और आर्थिक लाभ होता है।
- हर एक मौसम में बकरियों को टीका मिल जाता है।

टीकाकरण के समय बरतने योग्य सावधानी

- कोई भी टीका, मेमना तीन माह का हो जाने के बाद लगाना चाहिए।
- टीका ठंडी जगह पर रखा है या नही इसे ध्यान से देखे।
- सुबह अथवा शाम को तापमान कम होता है, उसी समय टीका लगवाए।
- दो टीके में कम से कम पंद्रह दिन का अंतराल होना चाहिए।
- टीकें की सुई निर्जंतुक करना जरूरी है।
- बकरी फार्म पर नियमित टीकाकरण की समयसारिणी लगाना चाहिए । इससे कौनसे माह में टीका लगाना है, यह ध्यान में रहता है।
- टीकाकरण से पहले पशुचिकित्सक से परामर्श जरूरी है।
- टीकाकरण के बाद बकरियाँ और मेमनों को कम से कम दो-तीन दिन सावधानीपूर्वक सकस आहार देना चाहिए।
- टीकाकरण के बाद पशुचिकित्सक से सलाह के अनुसार बकरियों को टॉनिक शुरू करना चाहिए। इससे टीका शरीर में प्रवेश करने की क्षमता उनमें निर्माण होती है।

रोग टालने के लिए सावधानी

नियंत्रित टीकाकरण करने के बाद थोडी सी लापरवाही से बकरियों में रोग का प्रसार हो सकता है । इसलिए सावधानी बरतें ।

- बाहर से खरीदकर लाई बकरी अथवा भेड़ी बाड़े में तुरंत छोड़नी नही चाहिए। उन्हें ८ से १० दिन अलग रखना चाहिए। उनकी पशुचिकित्सकसे चिकित्सा करनी चाहिए। और आवश्यकता होने पर उनका टीकाकरण करना चाहिए।
- गाभिन बकरियों की गर्भपात की गंदगी कभी भी खुली जगहपर नही ड़ालनी चाहिए। यह गंदगी दूर जाकर एक गड्ढेमें गाड़नी चाहिए।
- बाड़ेमें बकरियों की और पैदावार के लिए चयन किए नर की 'ब्रुसे लॉसीस' (गर्भपात) चिकित्सा करनी चाहिए।

टीकाकरण की समयसारिणी

रोग का नाम	टीके का नाम	टीका लगाने का समय
लाळ्या, खुरकून	एफ.एम.डी. व्हॅक्सीन	फरवरी और दिसेंबर (साल में दो बार)
घटसर्प	एच.एस.व्हॅक्सीन	मई-जून (बारिश से पहले)
आंत्र विकार	ई.टी.व्ही. व्हॅक्सीन	मई-जून (बारिश से पहले)
सी.सी.पी.पी.	आय.व्ही.आर.आय. व्हॅक्सीन	रोग का प्रादुर्भाव होनेवाले क्षेत्र में (सालमें एकबार)
पी.पी.आर.	पी.पी.आर व्हॅक्सीन	तीन साल में एक बार।
धनुर्वात	टिटनस टॉक्साईड	गाभिन बकरी प्रसूत होने से पूर्व एक माह।
कालपुवी	अँथ्रॅक्स	रोग का प्रादुर्भाव होनेवाले क्षेत्र में (बारिशसे पहले)

अधिक जानकारी के लिए :- पशुधन विकास अधिकारी (विस्तार) पंचायत समिती कार्यालय, अथवा नजदीक के पशुवैद्यकीय अस्पताल संकेत स्थान : www.ah.adfmaharashtra.in

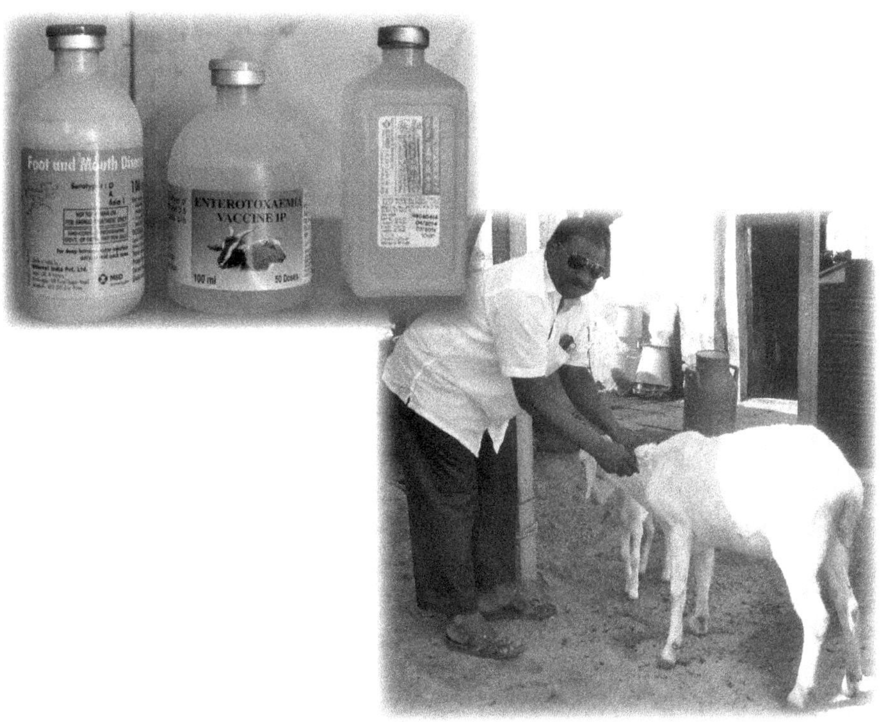

रोग और प्रतिबंधक उपाय

एकाध बकरी को संसर्ग की बाधा हो जाए तो उसका प्रसार पूरे बाड़े में हो सकता है। इसलिए बकरी पालक ने नुकसान की संभावना टालने के लिए बकरी को कौन कौन से रोग हो सकतें है, इसका अध्ययन करना चाहिए और प्रतिबंधक उपायों की योजना समय रहते ही करनी चाहिए।

विषबाधा के कारण

कृमि : कृमि के अनेक प्रकार है। कृमि खाद से बकरी, मेंढी के शरीर में प्रवेशते है और वहा अपना बसेरा तैयार करते है। बकरीयां जहाँ चरने के लिए जाती है, वही घास से कृमि का प्रसार हो सकता है। पेट में कृमि रहते तो बकरी में एकदम दुर्बल हो जाती है और आर्थिक नुकसान हो जाता है। घाँस के माध्यम से कृमि पेट गए, तो कुछ कृमि पेट के चौथे हिस्से में और आंत्र में प्रवेशते है। कुछ कृमि फेफड़ों में जाकर साँस के नलिका का में भी घुसते है। कृमि का प्रादुर्भाव मलमृत्र द्वारा एक से दूसरे जानवरों को हो जाता है। ऐसे बीमारु जानवरों को कितना भी खिलाओ उनकी वृद्धि विकास नही होता और वह कृषकाई रहते है। कृमि के कारण बकरियों को आनेमिया (पंडु रोग) हो जाता है। उनके बदन के बाल मोटे और फुले फुले हो जाते है। ऊन एकदम कड़ी हो जाती है। उनकी विष्ठा की लेंडी नहीं बनती। कृमि पिड़ित जानवर पतली से विष्टा करती है। उनकी जबड़े की निचले हिस्से में सुजन आ जाती है। उनकी पलके सफेद सी हो जाती है। कृमि की वजह से छोटे छोटे मेमनों की मृत्यु हो सकती है। इस रोग की बाधा पूरे साल में कभी कभी हो सकती है।

उपाय : बाज़ार में अलग अलग कंपनी की कृमिनाशक दवाएं मिलती है। यह दवाई दो तीन माह के अंतराल से बकरीयों को नियमित तौर पर पिलानी चाहिए। इससे रोग की बाधा रोक सकते है। और हर ऋतु के प्रारंभ में जानवरों के लिए कृमिनाशक कार्यक्रम रखने से भी इस रोग पर नियंत्रण पा सकते है। पशुवैद्यकीय केंद्र को कृमिनाशक दवाई १०० प्रतिशत अनुदान पर मिलती है।

काली खाँसी : इस रोग के कृमि बकरी – मेंढी की साँस की नलिका में होते है। अशक्त जानवरों में इस कृमि की वृद्धि तेजी से होती है। इस रोग में बकरीयों को बहुत तेज़ बुखार आ जाता है। और नाक से पानी आने लगता है। और बकरी को निमोनिया हो जाता है। वह खूप खाँसती रहती है। और गले को सुजन आने के बाद एक दो दिन में उनकी मृत्यु हो जाती है।

उपाय: यह बीमारी होने के बाद तुरंत पशुवैद्यक से प्रतिजैविक (ऍन्टी बायोटिक्स) लेकर उपचार जल्दी करने की आवश्यकता होती है। बकरियों के बरसात से पहले ही रोगप्रतिबंधक टीका लगाने से इस रोगों को टाल सकते है।

आंत्र विखार : इस रोग से सब से ज्यादा धोखा होता है। इससे जानवरों की विष की बाधा होती है। बकरी, बकरे गोल गोल घुमते है और चक्कर खाकर गिर जाते है। जोर जोर से कुदना सिर पिछे करके चक्कर खाकर गिरना, ऐसा दिख जाए तो समझना बकरी को आंत्र विकार हो गया है। जो बकरी नि:शक्त है, तो इस आजार से वह तुरंत मर जाती है।

उपाय : इस बीमारी पर प्रतिबंधक टीका उपलब्ध है। उसी माह में इस टीके का पहला ड़ारु देना पड़ता है, इसके बाद पंधरह दिने के अंतराल में दूसरा ड़ारु देने से आंत्र विखार रोग पर नियंत्रण आता है। टीकाकरण के बाद कम से कम छह माह बकरी को इसकी बाधा नही होती।

अँथ्रॅक्स : यह अति संसर्गजन्य रोग है। बकरियों के चमड़े में खून जमा होकर फिहा ग्रंथी में सुजन आ जाती है। 'अँथ्रॅक्स' हो जाने के बाद बहुत ही कम समय में जानवर की मृत्यु हो जाती है। रोगग्रस्त बकरियों को बहुत तेज़ बुखार आ जाता है, और उन्हें साँस लेने में दिक्कत आ जाती है। उनके नाक और मुँह से काला खून निकल आता है। बकरी के हाथ पैर लुले हो जाते है। यह रोग जानवरों से आदमीयों को हो सकता है। इस रोग से जानवर की मृत्यु हो गई तो गहरा गड्ढा खुदवा कर उसमें चुनखड़क डालकर दफनाना चाहिए। इस बीमारी से बकरी का मृत्यु हो जाए तो इसके शव का विच्छेदन नहीं करना चाहिए। दूसरे रोग के जीवाणू हवा में फैलते है और रोग का प्रसार होने की संभावना रहती है।

उपाय : पशुवैद्यकीय केंद्र इसका टीका मिलता है। वह जानवरों को समय समय लगाना चाहिए।

फेफड़ों का दाह (निमोनिया) : रोग के कृमि, विषाणू, परजिवी कृमि इसके साथ ही कड़ा के की ठंड़ अयोग्य आहार इससे बकरियों को फेफड़ों का दाह हो सकता है। बार बार खाँसी आना, नाक से पानी आना, साँस लेने में तकलिफ, नाक से खून आना, ऐसे लक्षण दिखाई देते है।

उपाय : बकरियों को सकस आहार देना चाहिए। सर्दी, ठंडी, तेज़ हवा, से उनकी रक्षा करनी चाहिए। बीमार बकरियों को सल्फा दवाई और ऍन्टीबायोटिक्स देनी चाहिए। सांसर्गिक निमोनिया का प्रतिबंधक टीका लगाना चाहिए। जानवरों का उपोषण ना हो इसका ध्यान रखना चाहिए। बाड़े में सफाई रखनी चाहिए।

फुट ऍन्ड माऊथ डिसीज : यह एक विषाणुजन्य रोग है। बकरियों में बहुत तेज़ी से फैलाव होता है। इनमें जानवर का मृत्यु होने का प्रमाण कम है। लेकिन जानवर तबियत एकदम नरम हो जाती है। इसका परिणाम पालनकर्ते को आर्थिक उत्पन्न पर होही जाता है। दूध देनेवाले जानवर दूध देना बंद कर देते है। जानवरों को बुखार आ जाता है। उनकी जिव्हा, मूँह और होटों पर दोनों पैर के खूरट के अंदर गोल गोल फोडे आते हैं। जानवर खाना छोड़ देते है। मूँह के अंदर के हिस्से पर सूजन आ गई ऐसा दिखाई देता है। उनके मूँह से चिपका द्राव नीचे आ जाता है। मूँह में आने वाले फोड़े फट जाते है और जिव्हा पर लाल दाग पड़ जाते है। पैर के बीच में नाखूनों के बीच में जख्म हो जाती है, इससे जानवर ठीक से चल नही सकते।

उपाय : यह रोग विषाणूं से हो जाता है, इसलिए औषधोपचार का असर नहीं होता। लेकिन यह रोग नहीं होना चाहिए। इसलिए प्रतिबंधक टीका लगाना आवश्यक है। रोगग्रस्त बकरीयों का मूँह फिटकरी अथवा पोटॅशियम परमँग्नेट के द्राव से साफ करना चाहिए। फाड़े पर हल्दी और मखखन अथवा बोटोग्लिसरीन लगाना चाहिए। पैरों के जख्म ज्यादा गहरे नही हो तो डामर के महीन लेपन से तुरंत आराम मिलता है। जिव्हा के छाव भरने के लिए बकरी को 'अ' जीवनसत्व का इंजेक्शन और आहार देना। इस रोग का प्रतिबंधित टीका हरसाल अक्तुबर – नवंबर में लगाना उचित होगा।

खुनी अतिसार (कॉन्सी डिओसीस) : इस रोग से ग्रस्त बकरियाँ और मेमनों को पतले पतले जुलाब होते है और उनके विष्ठा से खून आने लगता है। बकरियों से ज्यादा यह रोग मेमनों को होता है। पेट में इस रोग के कृमि हो, तब तक जुलाब होते रहते है। उसके बाद रोग के कृमि आंत में घर करते है। इससे पाचन क्रिया के पेशीयों का नाश हो जाता है और फिरसे रोग के कृमि बढ़ जाते है। और बकरीयां जुलाब करने लगती है। पोषक घटक और शरीर में से पानी कम हो कर बकरी का वजन कम हो जाता है और उसी में जानवर का मृत्यु हो जाता है।

उपाय : पशुवैद्यकीय केंद्र में जाकर तुरंत दवाई देनी चाहिए। बाड़ा निर्जंतुक करके सफाई रखनी चाहिए। बकरीयों को ताज़ा खाद्य और पानी भरपूर देना चाहिए। मेमना तीन से छह साल का हो तो प्रतिबंधक दवाई का नियमित पाँच दिन का ड़ोझ देना चाहिए। इससे रोग की बाधा से नहीं होती।

फऱ्या : इस आजार में बकरी – मेंढी को बहुत तेज़ बुखार आता है और जानवर की एक से दो दिन में मृत्यु हो जाती है।

उपाय : बरसात से पहले ही फऱ्या रोग प्रतिबंधक टीका लगाना चाहिए।

यकृत कृमि (लिवर फ्लू) : यह रोग चपटे आकार के कृमि से होता है। तालाब, नदी अथवा जमा हुआ पानी में घोंघा इस रोग का प्रसार करते है। बकरी से ज्यादा मेंढी में यह रोग पैमाने पर होता है। लिवर में कृमि होते है, इससे जुलाब होता, भूख ना लगना, जानवर अशक्त होना, ऐसे लक्षण दिखते है।

उपाय : साफ पानी जानवरों को देना, बाड़ा साफ और निर्जंतुक रखना, प्रतिबंधक टीका लगाना होता है। रोग हो जाए तो एक प्रतिशत मोरचूद डालकर पानी पिलाने से लाभ होता है। बरसात में जमा हुए पानी में कृमि होते है। इसलिए ऐसा पानी बकरीयों को नहीं देना चाहिए।

नील जिव्हा : यह रोग बकरियों में कम लेकिन मेंढी में ज्यादा होता है। उसमें जिव्हा का रंग नीला होकर वह फुलती है। इस रोग में ९० प्रतिशत जानवरों की मृत्यु हो जाती है।

उपाय : रोग प्रतिबंधक टीका लगाना बहुत जरुरी है। इससे सभी जानवरों को संरक्षण मिलता है।

नाकाड़ी : यह रोग ज्यादा तर मेंढी को होता है। यह चमड़े का विकार है। एक प्रकार का इसब, नायटा होता है। यह रोग हो जाने से जानवर घाँस खाना छोड़ते है। इसलिए वह अशक्त हो जाती है। बड़े बाड़े में बहुतायत खाद घाँस न मिलने पर उनको यह रोग हो जाता है। इस रोग का प्रादुर्भाव जहाँ बदन पर ऊन नही है – जैसे की नाक, कान पर होता है। यहाँ घिस घिस कर जख्म हो जाती है। इस रोग का परिणाम उनके उत्पादन पर हो जाता है। इस रोग के कीटक अंदत आंत में होते है। इसलिए उपर से उपाय करना बेकार हो जाता है। उनका उत्पादन देने वाली लंबे बाल की बकरीयों को यह रोग होता है।

उपाय : जहाँ जहाँ जख्म हो गई है वहाँ के बाल कैची से काँटने चाहिए। साफ चक्कू से चमड़ी तक व्रण को घिसना चाहिए। फिर साबून से वही हिस्सा साफ करना चाहिए, एक भाग गंधक और आँठ भाग वॅसलिन का घोल उस पर मसलना चाहिए। रोगग्रस्त जानवरों को बाकी जानवरों से अलग रखना चाहिए। और रोग प्रतिबंधक टीका लगाना चाहिए।

ब्रुसे लोसीस (गभपात) : यह संसर्गजन्य रोग है। कुछ रोगग्रस्त जानवरों का गर्भपात होता है, तो कुछ जानवर इस रोग के जिवाणू शरीर में जमा करा के रखते है। इस रोग का प्रसार जानवरों से आदमीयों को भी हो सकता है। रोगग्रस्त जानवर का दूध अच्छा उबालना चाहिए। रोगग्रस्त बकरियों का दूध मेमनों को दिया तो उनको भी यह रोग होता है। रोग पीड़ित बकरी मेमनों को जन्म देने से पहले अथवा जन्म के बाद उनके योनी मार्ग से द्राव बहता है। उसमें रोग के जंतु होते है। गर्भपात के कारण स्पष्ट होने तक ऐसी बकरीयों की व्यवस्था स्वतंत्र करने के आवश्यकता होती है। इस बीमारी पर कोई भी उपाय नहीं है। इसलिए रोगग्रस्त जानवरों को नष्ट करना पड़ता है। नहीं तो बाकी जानवरों में इसका प्रसार हो सकता है।

ट्रायको मोनियासीस (गर्भपात) : यह एक पेशी जंतू के संसर्ग से होनेवाला गर्भपात का प्रकार है। इसका संसर्ग नर और मादा दोनों को होता है। इस रोग से गर्भपात हो जाने वाली बकरियों को कुछ समय के लिए बांझपन आता है। उनके पैदास के काल में बकरी से बकरे को और उस बकरे से बाकी बकरियों को इसका संसर्ग हो जाता है। इस रोग के जंतू प्रजनन अवयव में रहते है। रोगग्रस्त नर बकरे का जिस बकरीयों से संबंध आता है, उनमें तीन से नौ दिन में इस रोग का प्रसार होता है। गर्भाशय को सूजन आती है और योनी से मवाद निकल आता है। इससे बकरी को गर्भधारणा नहीं होती। और हो गई तो गर्भपात हो जाता है। गर्भाशय से निकलने वाले द्राव की जाँच प्रयोगशाला में करके रोग का निदान कर सकते है। इस रोग पर ही ठोस उपाय, उपचार नहीं है। इसलिए तीन से चार माह पैदास रोक कर बकरियों को आराम दिया तो यह रोग ठीक होता है। उस नर बकरे की चिकित्सा करके उसको बाड़े से निकालना चाहिए।

विब्रियोसीस (गर्भपात) : जिवाणू संसर्ग से प्रजनन के समय बकरियों का संसर्गजन्य गर्भपात हो सकता है। नर बकरे से बकरीयों के गर्भाशय में रोग जंतू प्रवेशते है। इसलिए प्रजनन के लिए नर में गर्भपात की बिमारी नही है, ऐसे बाड़े होने चाहिए। प्रयोगशाला में खून की जाँच के बाद इस रोग का निदान हो सकता है। पशुवैद्यकीय परामर्श से गर्भाशय में अथवा गर्भपात होनेवाली बकरी को इंजेक्शन देकर उपचार कर सकते है।

मस्टायटीस (थान कड़ी होना) : थान को सूजन अनेक प्रकार के जिवाणूं से आती है। मेमना पैदा होने के बाद अथवा पहले भी बकरी को यह रोग होता है। इससे बकरी का थन पत्थर जैसी कड़क हो जाती है। उससे दूध नही निकलता अथवा निकला तो उससे खून आता है, उसमें छोटी छोटी गांठ होती है। बहुत बार पिला दूध आ जाता है।

उपाय : यह रोग हो जाए तो बकरी को अलगसे बाँधना चाहिए। रोग पीड़ित बकरी का दूध निकालने के बाद थन में दवाई का मईम ट्यूब भरना पड़ता है। निकाला हुआ दूध नष्ट करना चाहिए। थान का सूजन कम करने के लिए आयोडेक्स मसलना। बरफ के तुकड़े से सेंकना। बीच बीच थान को सूजन दिखाई दी तो इसका निदान घर में करने के लिए बाज़ार में औषध मिलते है, उसका वापर कर के और प्रतिबंध टीका लगाना चाहिए।

बकरियों में होने वाली सर्वसामान्य बीमारी

घाँव जख्म : बहुत बार बकरियों के चमड़ी पर छोटे मोटे घाँव जख्म हो जाते है। गंभीर ना होने वाले घाँव उपचार का घर में ही कर सकते है। गहरे छांव जल्दी भरते नही, बढ़ जाते है। ऐसे समय पशुवैद्यकीय परामर्श लेकर मईम, पावडर और बाकी उपचार करने पड़ते है।

दूध का बुखार (मिल्क फीवर) : कुछ कुछ बकरियाँ बहुत ज्यादा दूध देती है। दूध निर्मिती के लिए हड्डी में होने वाला कैल्शियम ऑर खून में होनेवाला कैल्शियम का उपयोग होता है। मेमने को जनम देने से पहले अथवा उस के बाद यह रोग होता है। जानवर बेचैन हो जाता है। पेट पर पड़ रहता है। छांती से एक जगह बैठ जाता है। ऐसे मौके पर पशुवैद्यक की मदद से गर्भाशय में हवा भरने की जरुरत होती है। और कैल्शियम के इंजेक्शन लगाने पड़ते है।

पेट कड़ा होना : बकरी ने गेहू, जँवार अथवा काबी धान ज्यादा खाने से अथवा अपचन होने से उनका पेट कड़ा हो जाता है। ऐसे जानवर पानी बहुत कम पीते है। पचन क्रिया में गडबड होने से बकरियाँ बेठी रहतीहै। एक ही जगह चबाती रहती है। उनका खाना बंद हो जाता है। ऐसे समय पर उन्हें बहुत पानी पिलाना चाहिए और पेट पर हल के हाथ से मसलना चाहिए। खाने का सोडा और थोड़ा सा खाने का तेल उसे पिलाना चाहिए।

गर्भरोग : कुछ बकरियों का जुड़वा अथवा उससे ज्यादा मेमने होते है। ऐसी बकरियाँ गाभिन होती है। तब, आखरी दिन में सुस्त हो जाती है और अशक्त भी होती है। बार बार मलमूत्र छोड़ती रहती है। दांत पर दांत रगडती है। वह तेज़ साँस लेने लगती है। घॉस पानी नही लेती। आगे के दोनों पैरों में मान डालकर अथवा पेट पर बैठी रहती है। जो बकरियाँ ज्यादा तर सुखी घाँस खाती है, उनको यह रोग ज्यादा होता है। सकस, पौष्टिक आहार देकर इस पर नियंत्रण पा सकते है।

पेट फूलना : आवश्यकता से ज्यादा गिली घाँस खानेवाली बकरी के पेट में गैस हो जाती है और पेट फूल हो जाता है। पेट में गैस बढ़ गई तो जानवर की मृत्यु हो सकती है। इसलिए पेट फूलने से बकरियों को तुरंत पशुवैद्यक के पास ले जाना अथवा उसे बुलाकर पेट से गैस निकालनी चाहिए। सौ ग्राम खाने का तेल, २० ग्राम खाने का सोडा, ५ ग्राम हिंग की पावडर के पिलाने से बकरी को आराम मिलता है। दूसरा उपाय भी है, १०० ग्राम खाने तेल में २५ ग्राम टर्पेंटाईन डाल कर पिलाना चाहिए। पेट थोड़ा फूला हो तो बकरीयों को थोड़ा दौड़ाना चाहिए। इससे गैस निकलने में मदद होती है। बकरियों के आहार में सुखी और गिली ऐसी दोनों तरह की घाँस होनी चाहिए।

अस्थिरोग : यह मेमनों को होने वाला हड्डियों का आजार है। इसमें हड्डिया का विकास होता नहीं। हड्डियों भुरेभुरी बन जाते है। यह रोग टालने के लिए मेमनों को संतुलित आहार देना पड़ता है। बकरी गाभिन होती है तो आहार में 'ड' जीवनसत्व खाद्यान में मिलाकर देना पड़ता है। इससे मेमनों के हड्डियों का विकास गर्भाशय में अच्छा होता है। और मेमनों को सुबह की सूरज की किरणे, सूरज का प्रकाश अच्छा मिल जाए, ऐसे बाँधना चाहिए। इससे उन्हें 'ड' जीवनसत्व मिलता है।

डिस्टोकिया : गाभिन बकरी के पेट में मेमना अनैसर्गिक तरह से बढ़ गया अथवा कुछ अपघात हो गया तो बच्चा पैदा करने की प्रक्रिया आसानी से नहीं होती। मेमना पैदा होने में एक से दो घंटे से ज्यादा देर लगे और मेमना बाहर नहीं आया अगर तो तुरंत पशुवैद्यकीय अधिकारी से उपचार करने चाहिए।

विषबाधा : विषारी वनस्पती की घाँस खाने से बकरियों का विषबाधा हो सकती है। इसलिए बकरियों को जहाँ चराने ले जाते है, वहाँ की वनस्पती देखनी चाहिए। विषारी हो तो वह तुरंत नष्ट करनी चाहिए। विषबाधा पर दवाई लेने से यह सावधनी अच्छी है।

खाद से होनेवाली विषबाधा और उपाय योजनाएँ

बकरियों को मिलनेवाला खाद, हरी घास इसमें से कुछ घटकों से विषबाधा होती है। प्रारंभिक रोग लक्षणों से विषबाधा का निदान और औषधोपचार तुरंत नही किए गये तो जानवर की जान जा सकती है।

विषबाधा के कारण

- कीटकनाशक का छिड़काव की हुइ खाद खाना।
- रासाायनिक खाद का अंश होन वाली घाँस अथवा खाद खाना।
- फफूँद युक्त खाद, बाँसी, खट्टे साहित्य उपयोग में लाना।
- बाजरे की फँसल पर अरगट रोगयुक्त घाँस खाना।
- विषाक्त झाडी में बकरियों को चरने के लिए छोड़ना।
- लोहे के कील, प्लास्टिक पन्नी–थैली, चप्पले, कपड़ा ऐसे ना खानेवाले पदार्थ खाने से विषबाधा होती है।

विषबाधा की लक्षणे

सांस आराम से धीमी धीमी लेती है, पचनक्रिया कम काम करती है, बकरियों के पेट में बार बार दर्द होता है, इससे वह इधर–उधर भागती रहती है, सर भुसोरा अथवा बाड़े की दिवार पर ठोकती रहती है, गाभिन बकरी का गर्भपात हो जाता है। बदनपर, पैरपर सूजन आना, प्रतिकारक्षमता कम होना यह लक्षण जिन्हें को विषबाधा हो गई है, उनमें दिखाई पडती है। विषबाधा होने से कृश जानवर चक्कर खाकर गिर जाते है। प्रतिकारशक्ती कम हो जाती है, जानवरों की मृत्यु हो जाती है।

उपाय योजनाएं

- विषबाधा के लक्षण दिखाई पड़े, तो तुरंत पशुवैद्यक से संपर्क करना चाहिए।
- बकरियों को छाँव में बाँध देना चाहिए।
- प्रथमोपचार के तौर पर बकरियों को खाने का सोडा देकर उनके पेट में होनेवाली गैस तुरंत मुक करनी चाहिए।
- बकरियों के बदनपर कही पे भी जखम दिख जाए तो जंतुनाशक से साफ कर के मरहम लगाना चाहिए।
- बकरी को नमक का पानी पिलाना चाहिए। इससे उसको उलटी होकर पेट में जमा विष–बाहर आनेमें मदद होती है।
- विषबाधा कैसे हो गई होगी, इसका अंदाजा लगाकर पशुवैद्यक को बताना चाहिए। इससे उन्हें उपचार करने में मदद मिलती है।
- विषबाधा हो जानेवाले जानवरों को आम तौर पर बुखार नही आता। विषबाधा कभी खादसे भी हो सकती है। इसलिए बकरी पालन करनेवाले को प्रथमोपचार की आवश्यक जानकारी अच्छी होनी चाहिए।

विषबाधा ना हो, इसलिए सावधानी बरतनी चाहिए।

- बाड़े में अथवा चराने के पद्धति में नरम और निकृष्ट चारा खाद में ना आए, इसपर ध्यान देना।
- बकरियों को हमेशा संतुलित और पोषक खाद देना चाहिए।
- साफ और भरपूर पानी पिलाना चाहिए।
- आहार में खनिज मिश्रण को समाविष्ट करना चाहिए। उन्हें खुले जगह में छोड़ दिया तो बकरियाँ उन्हे चाटती है और विषबाधा होनेकी आशंका होती है।
- बकरियों को ज्यादा भूख लगे, तो अखाद्य वस्तू भी खा लेती है और विषबाधा हो सकती है।

विषबाधा होनेके बाद तुरंत तत्काल कौन से उपाय करने चाहिए, इनकी जानकारी पशुवैद्यक से लेनी चाहिए।

बकरियों का पिण्डी खाद

अल्प निवेश में बकरी पालन का व्यवसाय शुरू हो सकता है। इसमें दूध, मांस, ऊन और उपयुक्त पिण्डी खाद ऐसे लाभ उत्पादकको मिल जाते है। पिण्डी खाद में विविध अन्नद्रव्य होते है। इस से भूमी का स्तर सुधार में मदद मिलती है।

पिण्डी खाद के लाभ और उपयोग

- गोबर के खाद से भी पिण्डी खाद में अन्नघटक ज्यादा होते है। यह सभी फँसलों को उपयुक्त होता है।
- पिण्डी कडक होती है; और उन्में वैसे ही उपजाऊ भूमीपर डालने से उनका घोल घूल जल्दी नही होता वे भूमीपर ऐसी ही पड़ी रहती है और फँसल को आवश्यकता होनेपर उनका उपयोग नही होता। इसलिए यह खाद भूमीपर डालन`से पहले ट्रॅक्टर की सहाय्यता से पिण्डी का भुकना करना पडता।
- यह खाद उपयोग मे लाने से पहले खाद सडवानेवाले जिवाणू का प्रयोग करना चाहिए। इससे खाद जल्दी सड़ जाता है, और उसमें होनेवाले अन्नघटक सुलभत ासे जमींन घुल जाते है।
- खाद सड़वानेवाले जिवाणू; इ.एम. द्राव, स्पॅसिलॉमायसिस, नत्र-स्फुरद, पालटा, स्थिर करनेवाले जिवाणू, ट्रायकोडमी उपयोग में लाकर विष्ठा का कंपोस्ट खाद तैयार हो सकता है। साठ दिनों में यह खाद तैयार होता है।
- किसी भी मौसम में बुआई से पहले भूमी जोतते समय ही पिण्डी खाद डाल दिया, तो मिट्टी में घुल मिल जाता है।
- खाद में खाड़े में गिरा कचरा, घास, बीज, काँटे हो तो उन्हें दातेरी औजार की मदद से निकाल देना चाहिए और उसके बाद ही उसका प्रयोग करना चाहिए।

- यह खाद सेंद्रिय होने से इसका कोई भी दुष्परिणाम भूमीपर अथवा फँसल पर नही होता।
- इस खाद में ०.६ प्रतिशत नत्र, ०.५ प्रतिशत स्फुरद, ०.७ प्रतिशत पालटा होते है।
- अवर्षण प्रवण क्षेत्र में फँसल का उत्पादन बढ़ाने के लिए यह खाद विशेष उपयुक्त होता है।
- बकरी के मूत्र में १.३५ प्रतिशत नत्र, ०.०५ प्रतिशत स्फुरद, २.१ प्रतिशत पालटा होता है। इसलिए इसका भी उपयोग खाद के तौर पर किया जाता है।
- आधुनिक बाड़े में बकरियों का मूत्र जमा कर के फँसल पर सींचा जाता है। कुछ स्थानोंपर फँसल के पासही बाड़े होते है, तो वहाँ से नलिका द्वारा थेट फसल तक मूत्र पहुँचाने की व्यवस्था की जाती है।
- फलबागों के लिए पिण्डी खाद का उपयोग बडे पैमानेपर किया जाता है।

बकरी पालक ने अच्छे से नियोजन किया, तो दूध, मांस और ऊन इसके साथ भी पिण्डी खादके माध्यम से उसे अच्छा और अधिक लाभ हो सकता है।

बकरी पालन के लिए विविध योजनाएँ

बकरी पालन के लिए सरकारी योजना

अल्पभूधारक, दुर्बल घटक, शिक्षित बेरोजगार, इन लोगों को यह व्यवसाय शुरू करने के लिए सरकार की तरफ से अनुदान दिया जाता है।

चालीस बकरियों का समूह – वितरण योजना

राष्ट्रीय कृषि विकास केंद्र पुरस्कृत योजना से अवर्षणप्रवण गावों के विकास के लिए यह उपक्रम शुरू किया है। चालीस बकरियाँ और दो नर मेंढे उस संयुक्त समूह को ५० प्रतिशत अनुदान पर मिलते है।

योजना की विशेषता और निकष

१. इच्छुक लाभार्थियों ने अनुदान के लिए विहित अर्ज पंचायत समितीके पास देना चाहिए।

२. अवर्षण प्रवण गावों के १८ से ५० उम्र के व्यक्तियों के इस योजना का लाभ मिल सकता है।

३. बकरियों का संगोपन, उनका आश्रय, सुरक्षितता इसके लिए तीन गुंठा जमीन लाभार्थी के नाम होना अनिवार्य है।

४. बकरी–मेंढे का खरीदना, आश्रय स्थान, पानी की व्यवस्था, शेडनेट, मूरघास, बिजली का कार्य, चारा कटाई, आधुनिक तंत्रज्ञान प्रशिक्षण के लिए तीन लाख रुपिया खर्चा होता है। इसमें से लाभार्थी को ५० प्रतिशत मतलब डेढ लाख रुपयों का अनुदान मिल जाता है।

५. इस योजना को बँक ऋण से जोडा गया है।

६. इच्छुक लाभार्थी को १ मई २००१के बाद तीसरा अपत्य नहीं होना चाहिए।

७. दारिद्र्यरेख के नीचे, होने वाला अत्यल्प भूधारक (१ हेक्टर) अल्पभूधारक (२ हेक्टर) सुशिक्षित बेरोजगार, महिला बचत समूह इन्हें अनुक्रमसे अर्जदारोंका प्राधान्य दिया जाता है।

अवर्षणप्रवण प्रभाग में खेती मुख्यत: बरसात के पानी पर निर्भर होती है। इसलिए किसानों को कितना उत्पन्न मिलेगा, इसकी कोई हमी नही होती, इस योजना से उनको अर्थसाह्य मिलता है।

अधिक जानकारी के लिए संपर्क : पशुधन विकास अधिकारी (विस्तार) पंचायत समिती कार्यालय, अथवा नजदीक का पशूवैद्यकीय अस्पताल संकेतस्थान: www.ah.adfmaharashtra.in

बकरियों के समूह वितरण योजना

विशेष घटक योजना, अनुसूचित जाति उपयोजना के अंतर्गत, और आदिवासी क्षेत्र के बाहर और अनुसूचित जाति, अनुसूचित जमाति इनके लिए जिल्हा परिषद के मार्फत, इस योजना का अवलंब किया जाता है।

योजना की विशेषता और निकष

१. दस बकरियाँ और एक मेंढा ऐसा समूह खरीदने के लिए ७५ प्रतिशत अनुदान दिया जाता है।

२. लाभार्थि में ३५ प्रतिशत महिला होती है।

३. इच्छुक लाभार्थी को १ मई २००१ के बाद तीसरा अपत्य नही होना चाहिए।

४. घर में शौचालय होने का प्रमाणपत्र अर्जी के साथ जोडना चाहिए।

५. इच्छुक लाभार्थी अनुसूचित जाती, जमाति का हो, तो अधिकृत अधिकारी का प्रमाणपत्र होना चाहिए।

६. बकरी समूह के लिए २५ प्रतिशत राशि लाभार्थी को भरनी पडती है। उर्वरित ७५ प्रतिशत अनुदान मिल जाता है। इस योजना का प्रकल्प खर्च ७१ हजार २३९ रुपिया निर्धारित किया है। इसके २५ प्रतिशत मतलब १७,८१० रुपये लाभार्थीको भरने पडते है। और ५३,४२९ रुपियोंका अनुदान मिल जाता है।

७. दारिद्र्यरेषा के नीचले अत्यल्प भूधारक (१ हेक्टर) अल्पभूधारक (२ हेक्टर) शिक्षित बेरोजगार, महिला बचत समूह इन्हें इस अनुक्रम से अर्जदारों का प्राधान्य दिया जाता है।

अधिक जानकारी के लिए संपर्क : पशुधन विकास अधिकारी (विस्तार), पंचायत समिती कार्यालय, अथवा नजदीक का पशुवैद्यकीय अस्पताल संकेतस्थान : www.ah.adfmaharashtra.in

अंशत: स्थानबद्ध पद्धति से बकरी पालन/मेंढी पालन

राज्य सरकार का यह नया उपक्रम सभी वर्गों के लिए खुला है। इसमें १० बकरियाँ और एक

मेंढा (अथवा १० मेंढी और एक मेंढा) इस संयुक्त समूह के लिए अनुदान दिया जाता है।

योजना की विशेषताएं/निकष

१. अनुदान के लिए विहित अर्ज करना पडता है ।

२. लाभार्थि का चयन करते वक्त ३ प्रतिशत अपंग और २३ प्रतिशत महिलाओं को प्राधान्य दिया जाता है।

३. अनुसूचित जाति/जमिती के लाभार्थियों को ७५ प्रतिशत और इतर वर्ग के लिए ५० प्रतिशत अनुदान मिलता है।

४. घर में शौचालय होने का प्रमाणपत्र साथ में देना होता है।

५. यह योजना बँक ऋण से जोडी गई है।

६. इच्छुक लाभार्थिको १ मई २००१ के बाद तीसरा अपत्य नही होना चाहिए।

७. दारिद्र्यरेषा के नीचले अत्यल्प भूधारक (१ हेक्टर) अल्पभूधारक (२ हेक्टर) सुशिक्षित बेरोजगार, महिला बचत समूह इस अनुक्रम से अर्जदारों का प्राधान्य दिया जाता है।

अधिक जानकारी के लिए संपर्क : पशुधन विकास अधिकारी (विस्तार) पंचायत समिती कार्यालय, अथवा नजदीक का पशूवैद्यकीय अस्पताल। संकेतस्थान : www.ah.adfmaharashtra.in

सहेली योजना

कन्या को जनम देने वाले परिवार के लिए जिला परिषद के माध्यम से यह योजना शुरु की गई है। यह सभी वर्गा के लिए मुक्त है। इस योजना के तहत संबंधित परिवार को ७५ प्रतिशत अनुदान पर पाँच बकरियाँ देते है। कन्या जनम का स्वागत करने के लिए समाज प्रबोधन करने के लिए यह योजना महत्त्वपूर्ण है।

योजना की विशेषता: और निकष

१. इच्छुक लाभार्थी के परिवार में पिछले साल में कन्या का जनम हुआ होना चाहिए।

२. अर्जदार को दो से ज्यादा अपत्य नही होने चाहिए। दोनो बेटीयाँ हो तो उस परिवार को प्राधान्य देकर अनुदान दिया जाता है।

३. परिवार ने दुसरे किसी भी योजना से बकरी पालन योजना का लाभ लेना नही चाहिए।

४. अर्जदार को बकरे खरीदने के लिए २५ प्रतिशत हिस्सा भरने के बाद ७५ प्रतिशत अनुदान दिया जाता है।

५. घर में शौचालय होने का प्रमाणपत्र जोड़ना पडता है

अधिक जानकारी के लिए संपर्क : पशुधन विकास अधिकारी (विस्तार) पंचायत समिती कार्यालय, अथवा नजदीक का पशूवैद्यकीय अस्पताल। संकेतस्थान: www.ah.adfmaharashtra.in

बकरियों के लिए बीमा योजना

बकरी पालन व्यवसाय में बकरियों का चयन करना, उनके आहार का व्यवस्थापन, संगोपन, रोग प्रतिबंधात्मक उपाययोजनाएं, आदि महत्त्वपूर्ण मुद्दे होते है। लेकिन अपघात अथवा नैसर्गिक आपत्ति से बकरियों का अकाल मृत्यू हो जानेसे बकरी पालक को बड़ा नुकसान उठाना पडता है। इसलिए हर एक बकरी को बीमे का संरक्षक कवच होना जरुरी है। बकरी, बाड़ा , टीन का शड, मजूर इसी के साथ साथ खुद का भी अपघाती/नैसर्गिक मृत्यू का बीमा कम से कम राशी में कर सकते है। लेकिन बकरी पालक व्यावसायिकों में इसका सही तरिकेसे प्रबोधन अभी तक नही हुआ है।

बीमा केलिए आयु की मर्यादा

एक बरस से बड़ी आयु के बकरियों का बीमा करा सकते है। देशी, विदेशी,संकरित ऐसे सभी प्रजाति के बकरियों के लिए बीमा योजना लागू होती है। बकरी अथवा भेड़ी की बाजार मूल्य का बीमा के लिए संरक्षित रकम मानी जाती है।

बीमा का दर

बीमा निकालने से बकरी की कीमत से ५ प्रतिशत अधिक राशी खर्चा करनी पड़ती है। इस हप्ते के राशी पर १२.३६ प्रतिशत सेवा कर देना पडता है। उदाहरण के तौर पर बकरी की किंमत पाँच हजार रुपये होत, तो बीमा हप्ता २५० रुपिया और सेवा कर का ३१ रुपये मिलाकर २८१ रुपिये एक साल के लिए भरने पड़ते है। एक अथवा तीन साल के लिए बीमा करा सकते है।

नुकसान का मुआवजा

- अपघात या दूसरी किसी भी दुर्घटना अथवा रोगग्रस्त होकर बकरी का मृत्यु हो जानेपर बाजार मूल्य के अनुसार उसकी कीमत का मुआवजा बीमा योजना से मिल जाता है।
- बीमा करानेके बाद बकरियोंको विशिष्ट रोग प्रतिबंधक लस देना बंधनकारक है।
- पुरे सालमें दी जानेवाला रोगप्रतिबंधक टीका, और बाकी दवाई उपचार देना अनिवार्य है। और टीकाकरण के प्रमाणपत्र, नोंद रखने की जरुरत भी है।
- टीकाकरण नही किया और बकरी का मृत्यू हो गया तो बीमा कंपनी मुआवजा नही देती।

बीमा कैसे निकालना है ?

- बकरी के लिए जो बीमा योजना है, उसकी पूरी जानकारी बीमा कंपनी से लेनी चाहिए।
- कंपनी की अधिकृत अर्जी और अन्य कागजात जमा कर के उसमें पूरी जानकारी भर देनी चाहिए।
- बीमा निकालने के बाद कंपनीसे मिलनेवाला परिचय चिन्ह ('टॅग') बकरी के कान पर लगाना चाहिए।

मुआवजा के लिए माँग करने की पद्धति

- बीमा हुए बकरी की अपघात से अथवानैसर्गिक तरीके स मृत्यु हो तरीके से जाए, तो संबंधित बीमा कंपनीके शाखा संबंधित शाखा को लिखित रुप में तुरंत सूचित करना पड़ता है।

- अधिकृत दावापत्र भरकर देना।
- पशुवैद्यक से बकरी का शवविच्छेदन कराना।
- बकरी के मृत्युप्रमाणपत्र और शव विच्छेदन प्रमाणपत्र बीमा कंपनी को देना।
- बकरी के कान को लगाया हुआ बिल्ला (टॅग)भी देना होता है।

ध्यान में रखने की बातें

- बकरी के कान में लगाया गया टॅग-बिल्ला गुम हो गया तो, बीमा कंपनी दावा नामंजूर करती है। इसलिए यह टॅग कभी भी गुम हो गया, तो तुरंत बीमा कंपनी को लिखित सूचना करनी चाहिए।
- बीमा कंपनी को बार बार याद दिलाकर नया बिल्ला लगाना आवश्यक है। और नये टॅग की जानकारी बीमा प्रमाणपत्र में करनी जरूरी है।

सरकारी बीमा कंपनी

१. युनायटेड इंडिया इन्शुरन्स कंपनी
संकेतस्थान (वेबसाइट) : www uii.com, www.uiic.co.in

२. न्यू इंडिया इन्शुरन्स कंपनी
संकेतस्थान (वेबसाइट) : www nia.com, www.newindia.co.in

३. ओरिएंटल इन्शुरन्स कंपनी
संकेतस्थान (वेबसाइट) : www oic.com, www.oriental insurance.co.in

अधिक जानकारी के लिए संपर्क:

पशुधन विकास अधिकारी (विस्तृत) पंचायत समिती कार्यालय अथवा नजीक के पशुवैद्यकीय अस्पताल। संकेतस्थान : www.ah.adfmaharashtra.in

डा. अभिजित नलगे ९५४५४ ५००४४

बकरी पालन का नियोजन

बकरी पालन से कम खर्चे में ज्यादा उत्पन्न कमाने के लिए पुरे सालभर के कामों का नियोजन करना आवश्यक है। यही कार्य हर माह में विहित समय पर किया तो बकरियाँ और मेमने निरोगी रहते है। उनकी अकाल मृत्यु का अनुपात कम हो जाता है। इसकी समयसारिणी आगे दी है।

जनवरी

- हरी घाँस कम हो तो, उपलब्ध होने के काल में ही उनपर प्रक्रिया करके जमा कर के रखना।
- गर्मी में झाडपाला खाने के लिए देना चाहिए। इसलिए चरनेवाले पेड़ों की अच्छी तरह छटाई, कटाई कराना।
- गर्मी में हरी घाँस की आपूर्ति अच्छी हो, इसलिए हरी और सुखी घास मिक्स कर के उपयोगमें लाए।

फरवरी

- सर्दी में जनम लेनेवाले मेमने का दूध धीरे धीरे कम कर के बंद करके उसे कोमल–नरम घास की आदत डलना।
- मेमने को जनम देने के बाद बकरियाँ फिर से उन्माद पर आती है क्या,यह देखना उन्हें भरने के लिए ध्यान में रखना।
- सालभर पहले उन्के मेमनों से पैदावार के लिए अच्छे नर मेमने को चुनना। अनावश्यक नर को बाड़ेसे निकाल देना।

मार्च

- बकरियों को घटसर्प का रोगप्रतिबंधक इंजेक्शन देना।
- अँथ्रॅक्स रोग का प्रादुर्भाव होनेवाले हिस्स`में प्रतिबंधात्मक उपाय योजना के तहत लसीकरण करना।
- पानी की उपलब्धता देखकर घास फँसल का उत्पादन लेना। इससे गर्मी के दिनों में हरी घास की आपूर्ति हो जाती है।

अप्रैल

- बकरियों को चराने के लिए बाहर छोड़ते वक्त गर्मी का ध्यान रखना। सुबह जल्दी, गर्मी बढ़ने से पहले छाड़ना, दोपहर धूप के वक्त बाड़े में ही चारा देना।
- बकरियाँ और मेमनों को थंठा अथवा छाँवमे रखा हुआ पानी दिन में कम से कम ४–५ बार देना।
- बाँधकर पालनेवाले पद्धतिमें बाड़ेमें गर्मी, धूप से बकरियों का बचाव करना। बढ़ते तापमानसे उनका संरक्षण करना।
- बकरियों को आंत्र विषारी रोगप्रतिबंधक लस देना।

मई

- छोटे मेमने और बकरियों का गर्मी, धूप सें संरक्षण करने के लिए आवश्यक उपाय योजना करना।
- बरसात में, मतलब रब्बी मौसम में लेने वाले घाँस फँसल का नियोजन करना।
- प्रजननक्षम बकरियों को बड़े पैमाने पर सकस चारा देकर सशक्त बनाना।
- पैदावार के लिए चुने गए नर बकरे–मेमने को सकस चारा, खुराक देकर तंदुरुस्त करना।
- बाड़े में उन्माद पर आनेवाले बकरियों को पहचान कर उन्हें भरने के लिए प्रजननक्षम पैदावार के नर को सुबह–श्याम धूप में घुमाना।
- गाभिन बकरियों की नोंद करना।
- अगरआंत्रविषारी रोगप्रतिबंधक लस नही दी हो, तो वह इस महिने में दे सकते है।
- मूरघास बनाई हो, तो वह बाड़े में बकरियों को देना।

जून

- उन्माद पर आनेवाली बकरियों को भरना और उनकी नोंद करना।
- भुसा और बाकी सुखे चारे पर प्रक्रिया कर के वह हरे घाँस के साथ उपयोग में लाना।
- गाभिन बकरियों को भरपूर सकस चारा देना।
- बकरियों का बाड़ा बंधे पट्टे सब साफ और निर्जंतुक करना। इससे कीटाणु के अंडे नष्ट हो जाते है।

जुलाई

- चरने के लिए बाहर जानेवाली बकरियाँ और मेमनों को कृमिनाशक दवाई पिलाना।
- बाड़े में ह़वा का मुक्त संचार हो एंसी व्यवत्था करना वहाँ की दलदल साफ करना।
- बरसात के दिन में बकरियों को बाहर चरने के लिए नहीं छोड़े। उनका बाड़े में ही चारा उपलब्ध कर के देना।
- छ्ह माह से बड़े मेमनों को सकस, पौष्कि आहार देना।

अगस्त

- जुलाब होनेवाले बकरी पर तुरंत इलाज करना।
- बरसात में बकरियों को भीगने नही देना चाहिए। बाड़े की भूमी सुखी, साफ और निर्जंतूक रखना।
- बकरी के पूँछ के नीचले हिस्से में बढ़नेवाले बाल काँटना। इससे बालों पर विष्ठा चिपक कर होने वाले रोग का प्रसार टाल सकते है।

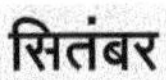

सितंबर

- बकरियाँ और मेमनों को कृमिनाशक दवाई देना। बदनपर कीटकनाशक का छिड़काव करना।
- गर्मी में भरी गई बकरियों को ज्यादा पोषाहार देना।
- एक साल से बड़े नर और मादा को प्रजनन के लिए उपयोग में लाना बाड़े में स़े अनावश्यक नर को निकालना।
- ज्यादा चारा, घास, मक्का इससे मूरघास तैयार करना।

अक्तुबर

- लाळ्या–खुरकूत रोगों की लस लगाना है।
- अनावश्यक भेडों को बधियाना।
- रब्बी मौसम के लिए घास फँसल की बोआई करना।
- खरिप मौसम के घास–चारे की कटाई करना।

नवंबर

- नवजात मेमनों का सर्दी से बचाव करने के लिए उपाय योजना।
- नये मेमने को जनम देनेवाली बकरियों को ज्यादा हरी घास और खाद देना।

दिसंबर

- नई बकरी और मेमनों का सर्दी से बचाव करनेके लिए उपाय योजना करना. बकरियों को और तीन माह से बड़े मेमनों को भरपूर चारा और खुराक देकर सशक्त बनाना।
- चारे में झाड़पाले का ज्यादा से ज्यादा उपयोग करना।

बकरी ईद : कमाई का अवसर

बकरी ईद के दिनों में बकरे को बहुतही माँग होती है। बकरी पालन करने वाले व्यावसायिक आधुनिक तंत्रज्ञान का प्रयोग कर के उत्पादन लिया तो उन्हें उत्पादन वृद्धी के लिए 'बकरी ईद' अच्छा अवसर होता है।

पूर्व नियोजन और सावधानी बरतना

- बकरी ईद के पहले ही कुछ दिन ज्यादा से ज्यादा बकरे विक्रय के लिए तैयार होने चाहिए। इसलिए बाड़े की बकरियों को एक साथ में उन्माद पर आना जरुरी होता है।
- जिन बकरे के माथेपर निसर्गतः चाँदका चिह्न होता है, उन बकरे को ज्यादा माँग होती है। ऐसे बकरे को चार से पाँच लाख रुपयों तक किमत देनेवाले होते है।
- बकरी ईद के लिए मुंबई की देवनार, मुंब्रा, भिवंडी, वाशी के बाजार बहुत ही प्रसिद्ध है। बाजार समिती से बकरे की विक्रय व्यवस्था की जाती है।
- संपूर्ण राज्य में बकरी ईद के लिए १० से १२ लाख बकरों की खरीद होती है। लेकिन राज्य में विक्रय के लिए डेढ लाख तक बकरे उपलब्ध होते है। बाकी आपूर्ति के लिए गुजरात, राजस्थान, मध्यप्रदेश, उत्तर प्रदेश ऐसे परराज्य से बकरों को आयात किया जाता है।
- धार्मिक रिती के अनुसार इस त्योहार के लिए उपयोग मे लानेवाला बकरा गलोल विरहित, कम से कम एक साल का होना चाहिए और वह अव्यंग होना चाहिए। शारीरिक पंगुत्व ना है।
- राज्य के बाजारों में नागफन, जमना पारी, सिरोही जाति के बकरों को अच्छी माँग होती है।
- बकरों की बिक्री प्रतवारी अनुसार १० हजारसे दो लाख रुपयों तक होती है। वजनदार और आकर्षक बकरों को अच्छी–खासी माँग होती है।

बकरियों की विभिन्न प्रजाति

- ग्रामीण क्षेत्र में स्थानिक जाति के बकरियों को भी एक साथ उन्माद पर लाने से अधिक लाभ कमा सकते है।
- बकरी ईद के लिए बकरों का संगोपन उन्हें ज्यादा खुराक देकर करना चाहिए।
- कम से कम कार्यकाल में पैसा कमाने के लिए बकरा पाँच-छह माहका हो गया, तो उसकी बिक्री करने पर बकरी पालक जोर देते है। लेकिन कम आयु के बकरों को कम पैसे मिलते है। उससे अच्छा बकरों को अच्छी से पालपोसकर उन्हें अच्छी खुराक देकर बकरी ईद को उनकी ब्रिकी करने से चार गुना ज्यादा उत्पन्न मिल जाता है।
- बकरी ईद के लिए संगोपन करते वक्त, बकरा दो माह का हो जाए तो उनको बधियाना जरूरी है। उससे उनका विकास तेजी से और अच्छा होता है।
- बदनपर बूँदे होनेवाले अलग अलग रंग के बकरों को और तांबे के रंगके बकरों को अच्छी कीमत मिलती है।
- गुजरात के सुरत में बकरे का विशेष बाजार है, और सरकार की तरफ से बिक्री के लिए आनेवाले बकरों के निवास की व्यवस्था की जाती है। खास तौर सफेद बकरों के लिए यह बाजार प्रसिद्ध है।
- सुरत के बाजार में सुरती, संगमनेरी, जमनापारी, बकरें बड़ी संख्या में आते है। 'सफेद बकरों को ज्यादा माँग नही है', ऐसी अफवाएँ फैलाकर व्यापारी कम कीमत में बकरे खरीदते है, और किसानों का नुकसान होता है।
- बकरी ईद के साथ साथ गावों के यात्रा काल में और धूलिवंदन के दिन में भी बकरों को अच्छी माँग होती है। राज्य की जनसंख्या-आबादी और मांस के उत्पादन को होनेवाली माँग इनकी तुलना की गई, तो उत्पादन में कमी है। मांस की आपूर्ति करने के लिए परराज्य से आवक होती है। आधुनिक पद्धति से यह व्यवसाय किया जाए,तो अच्छा उत्पन्न मिलता है।

बकरी विक्रय का व्यवस्थापन

किसान अपने माल का विपणन करने में आज भी कमतर पड़ जाते है। विपणन क्षेत्र की जानकारी के अभाव के कारण उत्पादक और ग्राहक इनके बीच दलालों की शृंखला तयार हो गई है। माल के विक्रय क्रिया में दलाल 'मलाई' खाते है, और किसानों को कम आम दानी पर समझौता करना पड़ता है। किसानने दलालों को टालकर खुदही बाजारमें प्रवेश करके अपना माल बेच दिया, तो निश्चित तौर पर ज्यादा लाभ हो सकता है।

बाजार की अवस्था

- महाराष्ट्र के ग्रामीण क्षेत्र में स्थानिक और सप्ताह में भरनेवाले बाजार में बकरियों की खरीददारी–बिक्री बड़े पैमानेपर होती है।
- वहाँ के प्रमुख ग्राहक कसाई और दलाल होते है। वह बकरी के पीठपर थपथपी लगाते है। और उठाकर पकडते है। और अंदाजतन वजन निशचती करते है। जो भी भार लगता है उससे पचास प्रतिशत कीमत करके बकरी का दर कम कर देते है। इस मे बकरी पालक का बड़ा नुकसान होता है।
- बकरियों के स्थानिक बाजार के आजूबाजू से दलालों का जाल होता है। यह दलाल, बिचौलिए किसानों को ग्राहक तक पहूँचने नही देते। बिचौलिए कम दामपर बकरियों की खरीद करते है। बाजार में उंचे दामपर बेचते है।
- कुछ कुछ बाजार में बकरियों की उम्र ज्यादा हो गई, तो कसाई और बिचौलिये मिलकर बकरियाँ एकदम कम दर से माँगते है। ऐसे वक्तमें बकरि पालक के पास दूसरा चारा भी नही होता, इसलिए जो कीमत से मिल जाए, उसे स्वीकार करनी पड़ती है।

बकरियों के बिक्री की पूर्व तैयारी

- ५ राज्यों में जहाँ जहाँ बकरियों की खरीदारी–बिक्री होती है, ऐसी सभी बाजारों की जानकारी लेनी चाहिए।

- कौनसे मांस को ज्यादा माँग है, इसके बारे में सोचकर, जानकारी लेकर ही बकरियों का चयन करना पडता है।
- बकरियाँ, बकरों की गुणवत्ता अच्छी होनी चाहिए। आकर्षक, वजनदार, भारदार बकरियों को अच्छी माँग होती है।
- बिक्रय और विपणन, खुद ही करे तो अच्छा होता है। इसलिए आवश्यकता हो, तो प्रशिक्षण लेना जरुरी है।

आधुनिक तंत्र का उपयोग

- बकरियाँ और बकरे की बिक्री जहाँ है, उसी स्थान पर करने को महनव देना चाहिए। बकरी खेती और वहाँ की बकरियों के बारे में सभी जानकारी ग्राहकों तक पहूँचानी जरुरी होती है। इसके लिए अब प्रसिद्धी माध्यमों का प्रयोग करना चाहिए। विज्ञापन देना देना जरुरी है। इससे आने-जानेका खर्चा और समय बरबाद नही होता।
- बिक्रय व्यवस्था के लिए वेबसाईट तैयार कर के उसपर आवश्यक जानकारी उपलब्ध करा देनी चाहिए। इस अत्याधुनिक बिक्रय प्रणाली से संपूर्ण विश्वास से कहीं से व्यापारी और ग्राहक इनको सीधा बकरीपालक के साथ संबंध प्रस्थापित कर सकते है।
- बकरी पालकों ने बिक्रय के लिए और व्यवसाय में आनेवाली समस्या दूर करने के लिए वैचारिक आदान-प्रदान करने के लिए एक संस्था और प्रक्रिया निर्माण करनी चाहिए। इस संस्था के माध्यम से संघटित तौरपर बकरियों की बिक्री कर दी जाए तो अच्छी कीमत मिल सकती है।
- बकरी अथवा बकरे का वजन, माँसका दर, चमड़ी की कीमत इन सबका हिसाब लगाकर बिक्री करनी चाहिए। इससे बिचौलिए और मध्यस्थ व्यापारीओं की नफाखोरी कम होने में मदद मिलती है।
- बकरी ईद को बकरे को ज्यादा माँग होती है। इसलिए उस समय बकरे बडे पैमानेपर बिक्री के लिए तैयार हो जाने चाहिए ऐसा नियोजन करना चाहिए।

- बकरी और बकरे की बिक्री वजन से करनी चाहिए, ऐसी सूचना महात्मा फुले कृषि विश्वविद्यालय ने की है।
- जहाँ नाप-तौल काँटा उपलब्ध नही होता, वहाँ बकरी की लंबाई; छाती इससे अंदाजसे थान निश्चिती की जाती है।

बकरी पालन व्यवसाय के लिए प्रकल्प अहवाल

(५० बकरियाँ + २ नर)

यह प्रकल्प अहवाल उस्मानाबादी बकरियों का है, और सन २०१४ की किंमतोंपर बारामती कृषि विज्ञान केंद्र में तैयार किया है।

पूँजीगत खर्च (अनुमानित)

अ.क्र.	विवरण	भाव प्रतिनग	लागत मूल्य
१.	शेड १००० स्क्वेअर फूट	२२५/स्क्वे.फीट	२,२५,०००
२.	बकरियों की खरीदी (५० बकरियाँ)	६,०००	३,००,०००
३.	प्रजननक्षम बकरे की खरीदी (२ नर)	८,०००	१६,०००
४.	विद्युतीकरण	८,०००	८,०००
५.	पीने के पानी की व्यवस्था	७,०००	७,०००
६.	बाकी साहित्य	२२,०००	२२,०००
	कूल		**५,७८,०००**

नगद पूँजी (अनुमानित)

अ.क्र.	विवरण	भाव प्रतिनग	लागत मूल्य
१.	हरी घास उत्पादन १. ५२ बकरियों के लिए ×३६५ दिन × ५ किलो = ९४ टन २. १२५ मेमनों के लिए × २ किलो × १२० दिन = ३० टन	७० पैसा प्रति किलो (७०० प्रतिटन) उत्पादन खर्च	८६,८००

अ.क्र.	विवरण	भाव प्रतिनग	लागत मूल्य
२.	पशूखाद १. ५२ बकरियों के लिए × ३६५ दिन × २५० ग्रॅम = ४७४५ किलो २. १२५ मेमनों के लिए × २०० ग्रॅम × १२० दिवस = ३००० किलो	२० रुपये प्रति किलो	१,५४,९००
३.	दवाई, टीकाकरण, आदि खर्चा	२०० प्रति बकरी	१०,४००
४.	बिजली का बिल ३ युनिट हररोज × ३६५ दिन = १०९५	७ रुपये	७,६६५
५.	बीमा खर्चा ५ प्रतिशत बकरियों के खरीदी किंमतपर ५ प्रतिशत		१५,०००
	कूल		**२,७४,७६५**

नफा-नुकसान पत्रक (अनुमानित)

अ.क्र.	विवरण	लागत मूल्य
१.	लागत पूँजी खर्च	५,७८,०००
	पूँजी उपलब्धता	
१.	खुद की लागत २० प्रतिशत	१,१५,६००
२.	बँक से कर्जा लेना ८० प्रतिशत	४,६२,४००
	एकूण	**५,७८,०००**
	पूरे साल का उत्पन्न	
१.	निरुपयोगी बकरियाँ १० × २,५००	२५,०००
२.	नर - मेमने ४२ (४२ × ६,०००)	२,५२,०००
३.	मादा - मेमने ३२ : १० बचे हुए (३२ × ३,०००)) मादा मेमने ३,००० रुपये	९६,०००
४.	दूध की बिक्री = १,६९५ लीटर × १५	२५,४२५

अ.क्र.	विवरण		लागत/राशी
५.	मल से पिण्डिखाद विक्रय (५० बकरियाँ × १ किलो × ३६५) १८ टन × २००० रुपये प्रतिटन		३६,०००
६.	बीमा का दावा ३ बकरी रुपये ६,००० प्रति बकरी		१८,०००
७.	खाद की खाली बोरी ४५ × ५ रु.		२२५
	कूल		**४,५२,६५०**

१.	कूल ऋण		४,६२,४००
२.	सालाना हप्ता	९२,४८०	
३.	सालाना ब्याज	५५,४४८	
	कूल, सालाना ब्याजके साथ परतावा		**१,४७,९२८**

	नफा – नुकसान	
१.	सालाना उत्पन्न	४,५२,०००
२.	सालाना नगद/प्रवाही पूँजी	२,७४,७६५
३.	स्थूल नफा (१–२)	१,९२,७२५
४.	सालाना ब्याज के साथ ऋणमुक्ती	१,४७,९२८
५.	नगद सालाना लाभ/नफा (३–४)	४४,७९७

बकरी पालन प्रशिक्षण देनेवाली नामांकित संस्थाएँ

बकरी पालन में आधुनिक तंत्रज्ञान का प्रयोग किया, ते कम खर्चे में ज्यादा उत्पन्न मिलने की संभावना है। लेकीन इसकी सभी जानकारी लेने के लिए प्रशिक्षण लेना अत्यावश्यक है। इससे व्यवसाय में लाभ होता है। शिक्षित बेरोजगार, महिला बचत समूह, अल्पभूधारक किसान इन्हें अपना आर्थिक उत्पन्न बढ़ाने का अवसर देने के लिए कुछ संस्थाएँ नाममात्र शुल्क में प्रशिक्षण की सुविधा उपलब्ध कराते है। उनके नाम और संपर्क क्रमांक यहाँ दिए है।

१. बकरी और मेंढी संशोधन केंद्र, महात्मा फुले कृषि विश्वविद्यालय, राहुरी, जि. नगर
दूरध्वनि क्रमांक : ०२४२६-२४३४५५. संकेतस्थान : http://mpkv.mah.nic.in

२. अहिल्याबाई होलकर बकरी और मेंढी विकास महामंडल, गोखलेनगर, पुणे,
४११ ०५३. दूरध्वनी : ०२०-२५६५ ७११२

३. कृषिविज्ञान केंद्र, शारदानगर, ता. बारामती, जि. पुणे.
दूरध्वनी : ०२११२-२५५२०७/२५५२२७ संकेतस्थान : www.kvkbaramati.com

४. महाराष्ट्र बकरी और मेंढी संशोधन और विकास संस्था पोस्ट बॉक्स क्रमांक २३, लोणंद रास्ता, मु.-बडजल पो.-निंभोरे, ता. फलटन, जिले. सातारा ४१५ ५२८.
दूरध्वनी क्रमांक : ०२१६६-२६२१०६/०२१६६-२२१०९५
ई-मेल : nimsheep@sancharnet.in. और nimsheep@gmail.com

५. रुरल ॲग्रिकल्चर रिसर्च इन्स्टिट्युट, नारायणगाव, ता. जुन्नर, जि. पुणे.
दूरध्वनी : ०२१३२-२४३८५२.

बकरी पालन की सारी उपयुक्त जानकारी के लिए वेबसाईट :

http://www.indg.in/agriculture/on-and-off-farm-enterprises
/ 936947933940-92a93e932928

पुण्यश्लोक अहिल्यादेवी महाराष्ट्र बकरी और मेंढी विकास महामंडल के दस प्रक्षेत्र है। और यहँ में नाममात्र शुल्क लेकर प्रशिक्षण दिया जाता है। उनकी जानकारी :

१. गोखलेनगर, पुणे संपर्क : ०२०-२५६५७११२

२. मु.पो. रांजणी, ता. कवठेमहांकाल, जि. सांगली संपर्क : - ०२३४१-२४४२२२

३. मु.पो. महुद, ता. सांगोला, जि. सोलापूर संपर्क : -०२१८७-२४६८६७

४. मु.पो. दहिवडी, ता. माण, जि. सातारा संपर्क : - ०२१६५-२०४४८०

५. मु.पो. पडेगाव, जि. औरंगाबाद संपर्क : ०२४०-२३७०४४९

६. मु.पो. तीर्थ (बु)ता. तुळजापूर, जि. उस्मानाबाद, संपर्क : ०२४७१-२५९०६६

७. मु.पो. अंबेजोगाई ता. अं बेजोगाई, जि. बीड संपर्क : ०२४४६-२४७२३९

८. मु.पो. मुखेड, ता.जि. नांदेड संपर्क : ०२४६१-२०२०२२

९. मु.पो. बिलखेड ता. चालीसगाव, जि. जलगाव संपर्क : ०२५८९-२२२४५७

१०. मु.पो. पोहरा, ता. जि. अमरावती संपर्क : ०७२१-२३८५५२३

संकेतस्थान : www.ahd.maharashtra.gov.in

यशोगाथाएँ : लक्षाधीश बकरी पालक

बड़गाव निंबालकर (तालुका बारामती) के रहिवासी भानुदास हरिभाऊ भोईटे ने अपनी छोटेसे जमीन पर चारा फँसल का नियोजन किया है। भोईटे वर्ष २००८ से बँधी हुई बकरी पालन का व्यवसाय करते है। उनको बहुतही सफलता प्राप्त हुई है। उन्होंने किसी से भी अनुदान लेते बिना खुद अपनी ही लागत से बहुत ही मेहनत से व्यवसाय खड़ा किया है। उनकी यह यशोगाथा :

जिस क्षेत्र में पानी की उपलब्धता बहुतायत है, वहाँ कृषिपूरक व्यवसाय के तौर पर दूध का उत्पादन लेने में प्राधान्य दिया जाता है। लेकिन, भानुदास भोईटे और उनकी पत्नी सीमा इन्होंने पुरी तरह सोच समझकर बँधी हुई बकरी पालन व्यवसाय का अलग मार्ग चुना है।

व्यवसाय का बढ़ता आलेख

वड़गाव निंबालकर यह गांव भोईटे का ससुराल है। अरड़गाव (तालुका फलटण, जिला सातारा) से वह, रोजी रोटी कमाने के लिए बड़गाव निंबालकर गांव में आ गए। शुरुवात के दिनों में उन्होंने कुछ टैक्टर चालक का काम किया। उसके बाद पान की टपरी भी चलाई उस समय सीमा दीदी भी मजुरी कर घर गृहस्थी के खर्चों के लिए हाथ बटाती रही। बचत करके इस दंपती ने अढाई एकर कृषि भूमी खरिद ली। इस भूमी में पानी नही था। बरसात की पानी पर यह खेती करनी पड़ती थी उन्होंने इस खेती में उपनलिका की खुदाई और पानी की सुविधा की। गन्ने के खेती के साथ साथ रेशम उद्योग का प्रारंभ किया। मेहनत, नियोजन और जीजिवाषावृत्ती इसी वजह से रेशम उद्योग बहुतही अच्छा चलने लगा। रेशम की कामों का दर्जेदार और विक्रमी उत्पादन लिया। इसिलिए उनका राज्य शासन के रेशम संचालनाय ने उनका गौरव, सम्मान भी किया। इस व्यवसाय के आधार पर भोईटेजी ने अपने बच्चों की पढ़ाई कि और आर्थिक दृष्टी से सक्षम बनाया।

संपर्क – भानुदास भोईटे – ९४०४६८४९७१

बकरी पालन व्यवसाय का चुनाव

किसान ने हमेशा चौ तरफा देखकर सब स्थिती का जायजा लेकर व्यवसाय शुरु करना चाहिए। ऐसा भोईटे दंपती कहते है। रेशम व्यवसाय में उनको अच्छी खासी सफलता अर्जित हुई, लेकिन एक नया अलग व्यवसाय करने की जिज्ञासा और कम मेहनत में और अधिक उत्पन्न कमाने का मौका वह दोनों छोड़ना नहीं चाहते थे। इसिलिए उन्होंने बकरीपालन का व्यवसाय करने का निर्णय लिया। उन्होंने बारामती कृषि विज्ञान में जाकर इस व्यवसाय के बारे में संपूर्ण जानकारी हासिल की। वहाँ के तज्ञ अधिकारियों की सलाह से उन्होंने 'अफ्रिकन बोअर' जाती की दो बकरी खरिद ली इन बकरीयों के उत्पत्ति से उन्हें अच्छा नफा मिलने लगा। इसके बाद उन्होंने 'सिरोही' जाती की कुछ बकरियाँ लिया। उनका पालन करते वक्त समय समय पर कृषि विज्ञान केंद्र से मार्गदर्शन लिया।

बँधे हुए बकरी पालन के लिए शेड का निर्माण

बँधे हुए बकरीपालन के लिए बाड़ा बनाने का निर्णय भोईटे जी ने लिया। इसके लिए उनको बैंक अर्थसहाय्य मिल गया। चढाई पर, थोड़ा ऊँचाई पर उन्होंने १२ फूट ऊँचा ७० फूट लंबा और ३५ फूट चौड़ा शेड उन्होंने तैयार किया। यह शेड के निर्माण और लोहे की जाली लगाने के लिए उन्हें पाँच लाख का खर्चा आ गया। जाली लगाने का लाभ हुआ। बाड़े में सूर्यप्रकाश बहुतायत रहा और हवा भी भरपूर चलने में मदद मिल गई। बीच में खाने करके उन्होंने बकरीयों के खाद्यान्न के लिए भुसाए और पिने के पानी के लिए बाजू पे ही स्टॅन्ड करके बर्तन की सुविधा दी। जमी पर ढुकाई करके अच्छी तरह से ढ़लान दे दी गई। इससे साफ सफाई का काम और भी आसान हो गया। और ढ़लान की वजह से बाड़ा सूखा रहने में मदद मिल गई।

चारे का नियोजन

बकरियों को हरे घॉस के लिए १ एकर क्षेत्र में तुल, बाजरी, घाँस, कांडी घाँस (मारवेल घाँस), खेती के बाजू में सुबाबूल को लगाया। खुराक के तौर पर अच्छा, पूरा भुट्टा दे दिया। भुट्टे के दाने चूरण किया नहीं। इससे बकरी चबाती रहती है और उनका पाचन भी अच्छा होता है। बकरीयों को कैलशियम अच्छा मिलना चाहिए, इसिलिए बाड़े पे जगह जगह चारों के इटें बँधी गई।

वड़गाव निंबालकर (ता. बारामती) भानुदास भोईटे का बँधा हुआ बकरी बाड़ा साथ में उनकी पत्नी सीमा

बकरियों से उत्पन्न

बाड़े में ५० बकरीयों और २ बकरों का पालन किया है। मेमने को जन्म देने वाली बकरी के सभी दूध मेमने को पिलाया जाता है। जुड़वा अथवा उससे ज्यादा मेमने हो गए तो उनकी भूख मिटाने के लिए उनको आवश्यकता के अनुसार गाय का दूध दिया जाता है। (बोअर) जाती पाँच माह के नर बकरी का वजन ४० से ५० किलो होता है। और मादा वजन ६० से ६५ किला होता है। उनको जगह पर ही विक्री करते वक्त मुंबई के व्यापारीयों से खास बकरी ईद के लिए यहाँ के नर और मादा को अनुक्रम से १५०० सो और ४००० रुपए प्रतिकिलो इतना दर मिल जाता है। दूसरे पाँच माह में नर बकरे से ७५००० रुपए का उत्पन्न मिल जाता हैं। पूरे राज्य से किसान संकट के लिए नर बकरे को ज्यादा भोग रहता है। सिरोही जाती का बाराह माह का नर बकरे का वजन ८० किलो के आसपास होता है। इससे ५० से ५५ हजार रुपये मिल जाते है। एक ही समय सभी नर बकरे और मादा विक्री के तैयार नहीं होते। बकरी ईद के लिए विक्री के लिए नर बकरे उपलब्ध कराने पर जोर दिया जाता है। इस व्यवसाय से आठ लाख रुपये प्रति साल उत्पन्न मिल जाता है। किया हुआ खर्च अलग किया तो छह लाख का नगद नफा मिलता है।ऐसी जानकारी भानूदास भोईटे और सीमा भोईटे देते है।

विक्री के लिए महाराज फार्मसी की वेबसाईट

उत्पादित किए हुए माल की अपने माल की विक्री और विपणन करने के लिए किसान पिढ़डते है। भोईटे दंपती को अपने माल के दर्जा के हमी है। उनकी औपचारिक पढ़ाई कम है लेकिन उन्होंने चलते समय की माँग ध्यान में रखकर इस व्यवसाय में आधुनिक प्रणाली उपयोग किया है। उन्होंने नर और मादा विक्री के लिए – www.yashrajgoatfarm.yolasite.com ऐसी वेबसाईट तैयार की है। उस पर नर और मादा के फोटो और बकरी बाड़े की सभी जानकारी दर्ज की है। विक्री के लिए माल तैयार हो जाने के बाद वेबसाईट पर नर और मादा के वजन, किमत और बाकी सारा तपशील दिया जाता है। व्यापारी वेर्ग इस तपशील के आधार पर जगह पर ही खरिदारी करने के लिए आता है। इससे उनका बाजार में जाने का खर्चा बच जाता है। दुबई से मुस्लिम समाज से कुर्बानी के लिए इन नर बकरों को बड़े पैमाने पर माँग होती है, ऐसे भोईटे बताते है।

बकरी बाड़ा नहीं, एटीएम मशीन

विक्री के लिए थोडे और ज्यादा दिनों तक रुक जाए तो ज्यादा कमाई होती है। ऐसा इस व्यवसाय का गणित है। बकरियाँ और नर बकरे बिक्री कभी भी कर सकते है। इसिलिए भरा हुआ बाड़ा इसका मतलब आपके पास नगद रकम है। इसिलिए भोईटे विश्वासपूर्वक बोलते है कि, यह बकरी का बाड़ा नही हैं, यह तो हमारा एटीएम मशीन है।

सुश्री संगीता हनुमंतराव भापकर

- जन्म : १ जून १९८० (मध्यमवर्गीय परिवारमें)
- शिक्षण : बी.ए., मास्टर ऑफ जर्नालिझम
- 'दैनिक सकाळ'के लिए सन २००५ से वार्तांकन का कार्य
- समाज के दुर्बल घटक और महिला सक्षमीकरण के लिए सामाजिक कार्य करने की चाह
- अवर्षण प्रवण क्षेत्रमें जलस्त्रोत बढ़ाने के लिए कार्यरत और सरकारी योजनाओंका लाभ जरुरतमंद लोगोंको मिलाने के लिए विशेष कार्य
- **वैयक्तिक लाभाच्या शासकीय योजना** पुस्तक का नवंबर २०१३ में लेखन
- सामाजिक कार्य और प्रबोधनात्मक उपक्रम करने की चाह
- बारामती अॅग्रीकल्चरल डेव्हलपमेंट ट्रस्टसे २००७ में उत्कृष्ट पत्रकारिता सन्मान
- राज्य सरकार की तरफसे उत्कृष्ट पत्रकारिता का ''राजमाता जिजाऊ स्वावलंबन सन्मान'' – २०१५
- उत्कृष्ट पत्रकारिता के लिए *'दै. सकाळ'* की ओर से 'नानासाहब परुळेकर पुरस्कार' २०१६

पत्ता : 'मातोश्री निवास', मु. तरडोली, पो. मोरगाव, ता. बारामती, जि. पुणे

E-mail : bhapkar.sangita@gmail.com

www.ingramcontent.com/pod-product-compliance
Ingram Content Group UK Ltd.
Pitfield, Milton Keynes, MK11 3LW, UK
UKHW051030290726
14058UKWH00012B/858